古代歷史文化 研究輯刊

二七編

王明蓀 主編

第 6 冊

五季宋初史論探（上）

曾育榮 著

國家圖書館出版品預行編目資料

五季宋初史論探（上）／曾育榮 著 -- 初版 -- 新北市：花木
蘭文化事業有限公司，2022〔民 111〕
序 2+ 目 2+140 面；19×26 公分
（古代歷史文化研究輯刊 二七編；第 6 冊）
ISBN 978-986-518-774-3（精裝）
1.CST：五代史 2.CST：宋史
618   110022107

ISBN-978-986-518-774-3

古代歷史文化研究輯刊
二七編 第 六 冊   ISBN：978-986-518-774-3

五季宋初史論探（上）

作　　　者	曾育榮
主　　　編	王明蓀
總 編 輯	杜潔祥
副總編輯	楊嘉樂
編輯主任	許郁翎
編　　　輯	張雅淋、潘玟靜、劉子瑄　美術編輯　陳逸婷
出　　　版	花木蘭文化事業有限公司
發 行 人	高小娟
聯絡地址	235 新北市中和區中安街七二號十三樓
	電話：02-2923-1455／傳真：02-2923-1452
網　　　址	http://www.huamulan.tw 信箱 service@huamulans.com
印　　　刷	普羅文化出版廣告事業
初　　　版	2022 年 3 月
定　　　價	二七編 13 冊（精裝）台幣 38,000 元

五季宋初史論探（上）

曾育榮　著

作者簡介

曾育榮（1969～），湖北鄂州人。歷史學博士，湖北大學歷史文化學院教授、博士生導師。主要從事五代十國史、宋代史、湖北地方史和中國史學史研究。迄今在《中華文史論叢》《歷史文獻研究》《思想戰線》《江漢論壇》《湖北社會科學》《南開學報》《湖北大學學報》《中國地方志》《中國史研究動態》《中國民族報》等刊物和報紙（含論文集）發表論文 50 餘篇；出版專著《高氏荊南史稿》、合著《中國歷史‧五代史》《荊楚史學》。

提　要

　　《五季宋初史論探》收錄 25 篇論文，所涉時段上起唐末下迄兩宋，主要集中於五代至宋初。以論題探討的內容差異、時間先後類而聚之，大體分為六個板塊：其一指向於唐末五代的政治軍事問題，具體分析汴晉爭衡時期李克用勢力消漲的盡忠唐室因素，以及唐末五代朗州蠻的興衰導致的長江中游政治地理格局的變遷。其二關注的是五代時期選人文書的種類和功能，募兵制的特點與影響，後周內政的整頓與官員的懲治。其三著力探究高氏荊南人口、疆域、政權形式、使府僚屬、外交等問題，其四討論五季宋初的政治變革及其演進趨勢、侍衛親軍制度的淵源流變、荊門軍的前後沿革、農具稅的興忽歷程。其五聚焦於王禹偁的史學、仕宦人生及其政治理念。其六限定於史籍、文獻的範疇，包括史書命名、藝文輯考、史源分析和史料引徵等內容。以上各篇論題指向有所不同，總體涵蓋亦廣，但多為具體而微之問題，是以此集諸文對於客觀層面之掘發或有裨於若干事實之論證，宏觀意旨之論述則自不免有失於學殖之膚淺。

序

彭忠德

　　欣聞曾育榮君又一專著《五季宋初史論探》即將付諸棗梨，瀏覽一過，「於我心有戚戚焉」，故樂而為之序。

　　《學記》云「學然後知不足，教然後知困，故曰教學相長」，育榮君有以近之，讀本科時即於史學史、歷史文選用力甚勤，遂於史學理論、歷史文獻有所會心。因其品學兼優，輕資得居教席。歷數年教學實踐後，先從宋史學會副會長葛金芳先生攻習宋史，取得碩士學位，復從宋史學會副會長張其凡先生潛研文獻學，獲得博士學位，遂得兩位先生史學理論、文獻學融會貫通之妙。有此虎翼之助，又能認真備課，以科研促教學，故所教多門課程，考評皆為優等，堪稱不負學生不負心，凡此足徵其人之誠。

　　古人讀書佳話，或謂「韋編三絕」「懸頭刺股」，或謂「牛角掛書」「廢寢忘食」，育榮君負籍嶺南攻讀博士學位，如何刻苦勤學不知，所可知者，三年期間，除撰就 28 萬字之優等博士論文外，居然又增補《五代史略》，終成 60 餘萬言之《中國歷史‧五代史》，實為陶懋炳先生之功臣，凡此足徵其人之勤。

　　既誠且勤，天必眷之，是以復有《五季宋初史論探》之結集問世。

　　治學首貴自得，黃宗羲即云：「以水濟水，豈是學問！」然自得又以專精為貴，章學誠曰：「學必求其心得，業必貴其專精。」《五季宋初史論探》中，《五代十國時期的募兵制》《五代吏部選人文書初探》《〈舊唐書〉書名溯源》《五代兩宋農具稅探析》等十餘篇，於政治、經濟、軍事、文化領域均有涉及。猶為難能者，筆觸歷史地理，考及亂世疆域之變遷，如書中《高氏荊南疆域考述》論之以文，輔之以表，其國土七州至三州之盈縮過程一目了然。要之，此書既屬專精之學，亦見自得之義，讀者諸君有意於五季宋初史研究者，

若能移作他山之石，切磋之益，自不待言。

　　子曰「四十而不惑」，觀育榮君所作之數部學術著作及若干論文，其於史學，庶幾「不惑」乎！以此勤奮、誠心，致力於專精、自得之學，學殖之長，毋庸遠期，故懸的於上：學超葛、張，望及昔賢。然友生敢為吾育榮言者有二：一曰專精不忘博學，博學始能約取，以致專精；二曰自得宜戒固陋，固陋則拒新知，何談自得？非數十年相知，誰能出此言耶？非虛襟如吾育榮，亦誰能受此言乎？勖哉育榮，育榮勖哉！

彭忠德

己丑年桃月序於耦耕書屋

目
次

試析李克用盡忠唐室及其影響
——以汴、晉爭衡為中心的考察

安史之亂以降，藩鎮坐大。迨至唐末，諸鎮「皆自擅兵賦，迭相吞噬，朝廷不能制」〔註1〕。僖、昭之世，河東李克用與宣武朱全忠實力最為雄強。中和四年（884）「上源驛事件」後，兩鎮構怨，由是展開長達二十餘年的明爭暗鬥。自乾寧四年（896）八月始，晉、汴爭霸進入直接對抗階段，隨著朱全忠逐步完成對河朔、昭義、河中諸鎮的控制，以及兩次晉陽之役的挑起，汴晉爭衡均勢遂被打破。開平元年（907），朱全忠篡唐建梁。明年，李克用崩於晉陽。朱李相爭以李克用失利告一段落。換言之，在唐末五代初期汴晉爭衡的前兩個階段中，晉的力量實際上經歷了由強勢至劣勢，再轉入固守一隅、全面守禦的變化。〔註2〕

「李克用以蓋世材虎恃并、汾，而卒困於朱全忠。」原因何在？「論者皆咎其好勇輕戰」，御將失當。全祖望進而言之，「克用有匡天下之心，而乏經營天下之略」，倘能「取河陽以通伊洛」，或「由河中以通邠、寧」，或「由鄜州卿枚逕出興平、武功間以應鳳翔之役」〔註3〕，把握上述可乘機會者一，事勢未必盡然。陶懋炳則認為，「四面出擊的愚蠢戰略」，「制御無道，軍紀不整」，是李克用勢力走向衰弱的重要原因。〔註4〕兩者均以為戰略失誤是李

〔註1〕（後晉）劉昫等：《舊唐書》卷19下《僖宗紀》，中華書局點校本1975年版，第720頁。

〔註2〕臧嶸：《論五代初期的汴晉爭衡》，《史學月刊》1984年第3期。

〔註3〕（清）全祖望：《鮚埼亭集》卷29《李克用論》，四部叢刊初編本，第293冊，上海書店影印本1989年版。

〔註4〕陶懋炳：《五代史略》，人民出版社1985年版，第40頁。

克用致敗的主要原因。沈起煒則將河東由強轉弱之因歸結為經濟治理無方、統馭部下不當和戰略運用不妥三方面。〔註5〕樊文禮認為，河朔藩鎮的「改圖」、昭義諸州的失守、河中的降汴三大事件直接促使李克用勢力的全面沒落。〔註6〕諸家所見，言之有據，不無道理。但問題在於，導致李克用集團在汴晉爭鋒中落敗，除運籌戰略、制御群下、治理經濟等方面存在明顯缺陷外，是否還有其他不容忽視的因素？本文擬從李克用盡忠唐室角度予以探討，並揭示此一因素對李克用集團壯大實力所產生的消極影響。

一、李克用盡忠唐室表現種種

　　李克用，沙陀人，其族源出於西突厥別部處月部中的朱邪部落。父朱邪赤心以破龐勳功，為唐廷授節鉞，編入屬籍，賜姓並名，號國昌。克用因從征，被擢為雲中牙將。其後，又「奰黃巢，黜襄王，存易定」〔註7〕，敗三帥，赴難唐室，「功業磊落，不可盡述」〔註8〕。這是以軍功層面言其盡忠。

　　除屢以顯赫戰功給予風雨飄搖的唐政權有力扶持外，另有數事亦能體現李克用對唐室的盡忠：其一為「上源驛事件」後的上表論罪；其二為不「行墨制」；其三為討逆之志。已有論著對於上述三事敘之甚詳，此處不贅。〔註9〕另尚可再補充一事。天祐四年（907）四月，朱溫篡唐，「四川王建遣使至，勸武皇各王一方，俟破賊之後，訪唐朝宗室以嗣帝位，然後各歸藩守。武皇不從」。報之以書，曰：「僕經事兩朝，受恩三代，位叨將相，籍系宗枝。」「唯僕累朝席寵，奕世輸忠。」「誓於此生，靡敢失節，仰憑廟勝，早殄寇讎。如其事與願違，則共臧洪遊於地下，亦無恨矣。」〔註10〕終李克用一生，的確未曾自王一方。

　　李克用本人長期以唐宗室自居，而類似上述竭力輸誠之言更是時有所見。如中和四年（884）七月，汴晉交惡之初，克用冀望唐廷能辯曲直，前

〔註5〕 沈起煒：《五代史話》，中國青年出版社1985年版，第17～20頁。

〔註6〕 樊文禮：《試析李克用在汴晉爭霸中失利的原因》，《煙臺師範學院學報》1998年第4期。

〔註7〕 （宋）司馬光：《資治通鑑》卷258，唐昭宗大順元年十一月，中華書局點校本1956年版，第8408頁。

〔註8〕 （宋）孫光憲：《北夢瑣言》卷17《朱邪先代》，中華書局點校本2002年版，第317頁。

〔註9〕 樊文禮：《李克用的盡忠唐室及其背景分析》，《煙臺師範學院學報》2000年第1期。

〔註10〕 （宋）薛居正：《舊五代史》卷26《唐武皇紀下》，中華書局點校本1976年版，第360～361頁。

後凡八表，請討朱全忠，所謂「臣以朝廷至公，當俟詔命，拊循抑止，復歸本道」〔註11〕。其時朝廷務方姑息，此事以唐昭宗優詔和解而終。再如，大順元年（890）五月，雲州赫連鐸、幽州李匡威、宣武朱全忠慫恿唐廷征討李克用，結果「兵未交而孫揆擒，燕卒敗，所以河西、岐下之師望風潰散，而（張）濬、（韓）建至敗」〔註12〕。戰爭進行期間，李克用上表訟冤，其中就有「臣父子三代，受恩四朝」〔註13〕之語。又如，乾寧二年（895）五月，鳳翔李茂貞、邠寧王行瑜、同華韓建三帥舉兵犯闕。次月，克用大舉蕃、漢兵南下討之。事後，克用嘗語莊宗云：「昔天子幸石門，吾發兵誅賊臣，當是之時，威振天下，吾若挾天子據關中，自作九錫禪文，誰能禁我！顧吾家世忠孝，立功帝室，誓死不為耳。」〔註14〕另，天復中（901～904），李克用擬欲修好於梁，貽書朱溫，辭曰：「一言許心，萬死不悔，壯懷忠力，猶勝他人，盟於三光，願赴湯火。」〔註15〕天祐元年（904）四月，昭宗東遷，克用「泣謂其下曰：『乘輿不復西矣。』」〔註16〕這些表達對唐室極盡忠誠的言語，在其時強藩大鎮中不為多見。

關於李克用的盡忠唐室，後世史家褒貶不一。一類意見認為李克用對唐廷竭忠盡力，忠貞之心難以泯滅，實乃宗社一時之棟樑。宋人范祖禹認為，「克用有復唐室之大功，而全忠輒欲殺之，蕃夷之人不敢專兵復讎，而赴訴於朝廷，是諸侯猶有尊王室之心也」〔註17〕。孫甫亦認為，「巢賊之平，李克用為功臣之首，雖麄猛之人，朝廷恩賞至厚，夙性豪雄，不無感激，可一時倚賴矣」〔註18〕。顧炎武感佩李克用忠義，有詩云：「朱溫一篡弒，發憤橫琱戈。」〔註19〕全祖望則充分肯定李克用之忠誠，「使李克用不早死，終能滅梁，張承

〔註11〕《資治通鑒》卷256，唐僖宗中和四年七月，第8313頁。

〔註12〕《舊唐書》卷20上《昭宗紀》，第745頁。

〔註13〕《資治通鑒》卷258，唐昭宗大順元年十一月，第8408頁。

〔註14〕《資治通鑒》卷271，後梁均王龍德元年正月，第8862頁。

〔註15〕《舊五代史》卷60《李襲吉傳》，第803頁。

〔註16〕（宋）歐陽修、宋祁：《新唐書》卷218《沙陀傳》，中華書局點校本1975年版，第6165頁。

〔註17〕（宋）范祖禹：《唐鑒》卷22《僖宗》，文淵閣四庫全書本，第685冊，臺灣商務印書館1986年版，第624頁。

〔註18〕（宋）孫甫：《唐史論斷》卷下《李克用討朱全忠》，文淵閣四庫全書本，第685冊，臺灣商務印書館1986年版，第698頁。

〔註19〕（清）顧炎武：《亭林詩文集》卷4《李克用墓》，四部叢刊初編本，第265冊，上海書店影印本1989年版。

業之徒輔之，安知不求唐之宗子而立之？」「而以沙陀之性，負其雄略而莫施，則亦思據一鎮以自見，然謂其有妄覬神器之心則不可。」「故既得之，則其為國家禦侮，折衝必力，朝貢必勤。然苟無故而猜疑之，裁抑之，則彼亦有所不受，斯其人固不純，而其心則無他。」〔註20〕厲鶚亦有如下緬懷李克用詩句：「猶恨汴仇未遽滅，矯首東望鬱以紆。是時道出安天廟，同申祈報憑靈巫。誰知光嶽已分裂，惟有正直神所翊。」〔註21〕

　　另一類意見則將李克用摒於唐忠臣之外，甚至指斥為賊。《舊五代史》史臣曰：李克用「雖茂秦王之績，而非無震主之威。及朱旗屯渭曲之師，俾翠輦有石門之幸，比夫桓、文之輔周室，無乃有所愧乎！」〔註22〕王夫之則認為，「朱溫、李克用，皆唐賊也；其爭欲篡奪之心，兩不相下之勢，一轍也」〔註23〕。

　　兩種說法，孰是孰非？結合前述大量史實，不難看出，李克用盡忠唐室可謂明矣。而且，唐廷也每每於危難之時，將解厄救困的重擔委諸李克用。唐昭宗被挾持至華州後，嘗遣使謂克用曰：「不用卿計，故逮此，無可言者。今我寄於華，百司羣官無所託，非卿尚誰與憂？不則不復見宗廟矣！」〔註24〕倚賴之重，由此可見。是年八月，昭宗被弒，李克用「南向慟哭，三軍縞素」〔註25〕。當然，李克用對唐室的忠誠並非毫無企圖，但盡忠唐室之所獲與效忠朝廷事實本身之間並無衝突。有論者曾對李克用盡忠唐室的相關問題做出如下精闢論述：「李克用與唐朝的關係，是一種相互依賴、互相利用的關係。他的盡忠唐室，除與本人的品格和游牧民族的習俗以及受漢族官員的影響有關外，最根本的是他要『假』唐的『位號』，『借』唐的『土地』，特別是要利用唐的『屬籍』以聚其眾。」〔註26〕此論至為允當。

〔註20〕（清）全祖望：《鮚埼亭集外編》卷37《唐李克用元擴廓論》，四部叢刊初編本，第295冊，上海書店影印本1989年版。

〔註21〕（清）厲鶚：《樊榭山房續集》卷3《曲陽孫晴崖明府寄唐北嶽廟李克用題名碑拓本》，文淵閣四庫全書本。第1328冊，臺灣商務印書館1986年版，第179頁。

〔註22〕《舊五代史》卷26《唐武皇紀下》「史臣曰」，第363頁。

〔註23〕（清）王夫之：《讀通鑒論》卷27《唐昭宗》，中華書局點校本1975年版，第984頁。

〔註24〕《新唐書》卷218《沙陀傳》，第6163頁。

〔註25〕《舊五代史》卷26《唐武皇紀下》，第359～360頁。

〔註26〕樊文禮：《唐末五代的代北集團》，中國文聯出版社2000年版，第152頁。

二、屢遭唐廷挫抑的李克用集團

　　李克用盡忠唐廷，儘管客觀上的確曾起到促進河東軍人集團崛起與興盛的作用，乃至一度「軍勢甚雄，諸侯之師皆畏之」〔註27〕，朱全忠亦素有忌憚，此亦為「上源驛事件」產生的根本原因。然而盡忠唐室的李克用，卻屢受唐廷擎肘，甚至遭來征討，此種情形反而又對河東勢力的發展壯大有所阻礙，並直接導致汴晉爭衡中李克用勢力的削弱，使其惟能採取自保之策，被動防禦。即此而論，唐廷對李克用的挫抑，亦是影響汴晉爭衡格局不容小視的因素之一。唐廷的這種打壓措施對李克用集團產生的惡果在下述兩大事件中反映得至為明顯。

　　唐昭宗大順元年（890）五月，雲州赫連鐸、幽州李匡威、宣武朱全忠假朝廷之命發起聯合圍剿河東的討伐，此次戰事長達半年之久，其結果雖以李克用的勝利而告終，但亦因此而喪失與魏博鞏固聯盟的機會。兵戈乍起，李克用遣帥抵禦之時，仍有「上表訴冤」之舉。而其死敵朱全忠雖為戰端挑起者之一，「以方有事徐、楊，徵兵遣戍，殊為遼闊」〔註28〕，借機爭奪已屬河東的澤、潞，未果，遂於同年十月，「遣使者請糧馬及假道於魏以伐河東，羅弘信不許」，「乃自黎陽濟河擊魏」〔註29〕，由是引發對魏博的進攻。並於次年正月，「五戰皆捷」，弘信厚幣遣使請和，「魏博自是服於汴」〔註30〕。對於朱全忠此次攻魏的意圖，王夫之的看法是，「蓋其許昭宗以討克用，有兩利之術焉，不必其亡克用也。克用而敗邪？是張濬為我滅一巨敵也；克用既亡，己乃服羅弘信於魏博，收張全義於東都，扼唐而困之關中，北無晉陽之難，專力以起亡唐，此一利也。克用而勝邪？克用且負抗拒王師之辜於天下，而己可因之以餌唐而折入於己；且克用勝，唐已殘而不復能振，是克用為我效驅除之力也」〔註31〕。此舉不論結果如何，於朱全忠而言均可獲利，並藉以掌握爭霸格局中的主動。魏博與河東通好的局面就此一變，爾後魏博在兩大鎮之間首鼠兩端，儘管直到乾寧三年（896）魏博乃「與河東絕，專志於汴」〔註32〕，但其關係已非昔日可比。魏博自安史亂起向為河北雄藩，晉汴相爭，

〔註27〕《舊五代史》卷25《唐武皇紀上》，第337頁。
〔註28〕《資治通鑒》卷258，唐昭宗大順元年六月，第8401頁。
〔註29〕《資治通鑒》卷258，唐昭宗大順元年十月，第8406頁。
〔註30〕《資治通鑒》卷258，唐昭宗大順二年正月，第8411頁。
〔註31〕《讀通鑒論》卷27《唐昭宗》，第985頁。
〔註32〕《資治通鑒》卷260，唐昭宗乾寧三年閏正月，第8483頁。

魏博演變為「此一南北對抗中的關鍵地區」〔註33〕，地位舉足輕重。魏博與汴交通，朱全忠由此而獲得雙方對抗中的競爭優勢，原先平分秋色的對峙格局漸致鬆動，兩大軍事集團的實力對比亦隨之升降，勝負的天平悄然移向於汴。魏博通好於汴既能隔絕河東進援兗、鄆的通道，朱全忠遂得全力經營東方；又為朱全忠佔領河朔地區構建了軍事基地，至昭宗光化三年（900）九、十月間朱全忠相繼攻拔河北諸鎮，奄有其地。兩強相爭，力量此消而彼長，其理自不待言。倘從其時汴晉爭衡的整體格局予以分析，朱全忠在河北的一系列軍事行動，其意圖在於從東面形成對河東集團的軍事壓力，漸次構築進攻河東的合圍之勢。

乾寧二年（895）五月，為與李克用爭奪河中控制權，三帥舉兵向闕，李克用大舉蕃、漢兵南下，先後圍韓建於華州，戰李茂貞於渭橋，敗王行瑜於梨園、龍泉寨，唐室遂得延續。戰事既罷，李克用遣蓋寓密言於上：「比年以來，關輔不寧，乘此勝勢，遂取鳳翔，一勞永逸，時不可失。臣屯軍渭北，專俟進止。」昭宗從貴近之言，以「休兵息民」為由令克用退兵。克用奉詔而止，未幾，恐「驚駭都邑」，不待入覲，即「引兵東歸」〔註34〕。克用既去，二鎮故態復萌，昭宗終受其制。而就在李克用傾盡全力報效唐廷、無暇他顧的同時，朱全忠不失時機取得對天平朱瑄的初步勝利，一舉奠定控制天平、泰寧等關東地區的基礎，為日後消除李克用在此地區的影響力與號召力、孤立河東集團預做必要準備。

問題在於，李克用竭力表忠心於唐廷，赴難、勤王之績遠在諸鎮之上，後者又何以屢屢壓制李克用集團呢？其實，唐廷無非寄望以此扼制河東力量的膨脹與壯大，以避免滋生危及唐王朝的隱患。再深入細究，則「胡／漢」有別的種族觀念實乃唐廷推行此策之深層背景。質言之，唐室岐視沙陀人的種族界劃擴及至文化、政治領域，遂以轉化為對李克用的戒心，唐廷屢屢壓制代北集團的真切原因實基於此。李克用於此點亦有體悟，迎昭宗遭拒之時，即嘗言：「觀朝廷之意，似疑克用有異心也。」〔註35〕後世史家對此亦有申論，「朱全忠欲殺之，而朝廷不詰，全忠與諸鎮一請討克用，則遽從之，蓋以克

〔註33〕毛漢光：《魏博二百年史論》，原載臺灣《歷史語言研究所集刊》第50本第2分冊，收入《中國中古政治史論》，上海書店出版社2002年版，第416頁。
〔註34〕《資治通鑒》卷260，唐昭宗大順二年十二月，第8481頁。
〔註35〕《資治通鑒》卷260，唐昭宗大順二年十二月，第8481頁。

用出於蕃夷，而陵蔑之耳」〔註36〕。李克用的「蕃夷」出身，正是其一再為唐廷「陵蔑」的癥結所在。與李克用忠於唐室卻時遭挫抑相較，跋扈難制的朱全忠卻屢為唐廷優容、姑息有加，其間差別判然，而此兩種不同的導向對兩鎮的實力走勢則影響至深。

三、盡忠唐室所致汴晉爭衡均勢的破壞

　　唐廷的諸般掣肘，使李克用軍人集團失去爭奪山東、河北這兩大戰略要地的絕佳時機，並且在爭奪魏博進程中，李克用又與幽州劉仁恭父子反目，終至陷入腹背受敵之境，拘限一隅，困守晉陽。反觀朱全忠在取得事關汴晉雙方力量消漲的上述地區後，汴軍則逐漸在雙方角力的較量中佔據主動，並持續展開一系列針對代北集團的軍事攻擊。河中的降汴又愈益加劇汴強晉弱的形勢走向，並最終直接引發天復元年（901）及次年朱全忠兩次圍困晉陽之役。

　　降服河北諸鎮後，為制約河東李克用，朱全忠揮戈直指河中。天復元年（901）春，梁將張存敬等率兵下晉、絳，屯師二萬以扼太原援兵。李克用女婿河中節度使王珂頻頻遣使告急，道路相繼，其妻致書太原曰：「敵勢攻逼，朝夕為俘囚，乞食於大梁矣，大人安忍不救！」其時，李克用自顧不遑，要衝之地亦為梁兵阻塞，惟能坐視河中危亡，故覆書言：「前途既阻，眾寡不敵，救則與爾兩亡。可與王郎歸朝廷。」〔註37〕其氣短力蹙之狀盡顯無遺。唐廷亦「恐全忠西入關，急賜詔和解之；全忠不從」〔註38〕。是年二月，梁兵圍河中，王珂無援，乞降於汴。「天子以汴帥兼鎮河中。武皇自是不復能援京師，霸業由是中否。」〔註39〕至此，汴軍不僅割斷河東與長安之聯繫，且業已形成從西南面進逼晉軍之勢，河東勢力則因是役而被收束於晉、汾根本之地。東、南合圍形勢既就，朱全忠連續發動兩次進攻晉陽之役。

　　天復元年（901）三月，朱全忠發兵六路大舉攻擊李克用，氏叔琮「入自太行」，「魏博都將張文恭入自磁州新口，葛從周以兗、鄆兵會成德兵入自土門，洺州刺史張歸厚入自馬嶺，義武節度使王處直入自飛狐，權知晉州侯言

〔註36〕《唐鑒》卷23《昭宗》，第626～627頁。
〔註37〕《舊五代史》卷14《王珂傳》，第199頁。
〔註38〕《資治通鑒》卷262，唐昭宗天復元年正月，第8547頁。
〔註39〕《舊五代史》卷26《唐武皇紀下》，第357頁。

以慈、隰、晉、絳兵入自陰地」〔註40〕。汴軍兵鋒甚銳，連下沁、澤、潞、遼諸州，直逼晉陽，城中大恐，李克用「登城備禦，不遑飲食」〔註41〕。五月，朱全忠以芻糧不給，久雨、士卒瘧痢，解圍而去。第一次晉陽之役，出自魏博、泰寧、河中的汴軍即達三支，此亦可證上述地區在汴晉爭衡中於雙方均有特殊意義。李克用集團因屢受唐廷挫抑相繼喪失爭奪魏博等地的控制權，困守晉陽之勢自屬必然。

天復二年（902）三月，汴軍乘敗晉軍於河中慈、隰二州之勢，再次圍攻晉陽，晉軍連戰皆敗，李克用「晝夜乘城，不得寢食」〔註42〕，形勢危殆至甚，李克用召諸將議，擬走保雲州避敵鋒芒，麾下李存信曰：「關東、河北皆受制於朱溫，我兵寡地蹙，守此孤城，彼築壘穿塹環之，以積久制我，我飛走無路，坐待困斃耳。今事勢已急，不若且入北虜，徐圖進取。」〔註43〕汴晉爭鋒的形勢由此可窺一斑，李克用集團已然在戰略全局上明顯受制於朱全忠。退保雲州之議後被勸止，又得李嗣昭、李嗣源、周德威等協力同心，晉陽方至保全。會大疫，全忠軍引還。「自是克用不敢與全忠爭者累年。」〔註44〕第二次晉陽之役雖然以晉陽之圍被解和汴軍撤退而終，但河東集團在汴晉爭衡整體戰局中的被動情形並無改觀，而其劣勢則更是暴露無遺，汴晉爭雄中兩強並峙的格局也終於演化為一枝獨秀。至此，兩大鎮爭霸暫告一段落，「九分天下，朱氏今有六七」〔註45〕的局面一直延續到梁末。

四、結語

縱觀汴晉爭霸前期的歷程，在河東代北集團由崛起而至成為兩大鎮之一的過程中，李克用無時不對唐廷心存感激，且從軍功、護駕、言論等眾多方面都有所體現。而李克用對唐室的盡忠，既有促使自身不斷壯大的作用，另一方面，又不斷由此而遭受唐廷打壓，致使在與朱全忠爭霸的過程中一再錯失奪取戰略要地的時機，終致困守一隅，長期處於弱勢地位。故而在分析李克用勢力走向逆境的原因時，盡忠唐室對李克用集團所產生的若干負面影響，

〔註40〕《資治通鑒》卷262，唐昭宗天復元年三月，第8551頁。
〔註41〕《資治通鑒》卷262，唐昭宗天復元年四月，第8552頁。
〔註42〕《資治通鑒》卷263，唐昭宗天復二年三月，第8569頁。
〔註43〕《資治通鑒》卷263，唐昭宗天復二年三月，第8570頁。
〔註44〕《資治通鑒》卷263，唐昭宗天復二年三月，第8570頁。
〔註45〕《舊五代史》卷27《唐莊宗紀一》，第366頁。

理當攬入視域，庶幾方能對汴晉爭霸的演變過程及其動因做出令人信服的說明。

原載於《記憶·歷史·文化》第 1 輯，湖北人民出版社 2007 年版

朗州蠻與唐末五代長江中游政治地理格局的變遷——以雷氏父子為中心的考察〔註1〕

　　安史之亂以降的藩鎮割據局面，迨至唐末已愈演愈烈，而在地方勢力普遍走向獨立化的進程中，亦有為數不少的土著豪強趁機壯大實力，乃至演變為一股不容忽視的力量，左右或牽連區域政局的變動。朗州蠻雷氏父子的崛起與其所建立的地方政權，就是南方蠻族介入藩鎮爭鬥並最終實現割據的典型事例。而朗州蠻政治單元的出現與存在，實際上又對相鄰地方政治勢力的消漲，乃至唐末五代長江中游政治地理格局的再造，產生了極其顯著的影響，此點顯然是分析和認識雷氏朗州政權，必須予以認真關注和著力挖掘的重要內容。儘管學界此前涉及或圍繞朗州雷氏研究的成果已有數篇，但其重點在於常德市古史的追溯、蠻族活動的考察、馬楚政權形成與朗州集團關係的分析、澧朗軍事地理的探討或政權興亡意義的討論，〔註2〕而較少留意朗州雷氏

〔註1〕與黃柏權教授合撰。

〔註2〕分見陳致遠：《隋唐五代時期常德的文化及歷史人物》，《武陵學刊》1995 年第 5 期。何燦浩：《唐末五代湖南地區的蠻族活動及其他》，《寧波大學學報》2000 年第 5 期；《五代十國時期馬楚內爭中的三個集團》，《寧波大學學報》2004 年第 2 期。羅慶康：《馬楚史研究》，湖南人民出版社 2004 年版；徐仕達：《馬楚政權之研究》，中國文化大學碩士論文，2011 年；彭文峰：《五代馬楚政權研究》，中國社會科學出版社 2014 年版；周莎：《五代十國時期湖南地區政治勢力研究》，南京大學碩士論文，2014 年。謝宇榮：《唐末五代環洞庭湖三區歷史軍事地理研究》，陝西師範大學碩士論文，2014 年。胡耀飛、謝宇榮：《唐末五代初朗州雷氏政權的興衰和意義》，載《唐史論叢》（第二十四輯），三秦出版社 2017 年版。

政權重塑區域政治地理格局的作用，因此該論題仍有深入探究的空間。本篇即以此立論，擬在梳理雷氏政權興起的過程，澄清其時區域軍事紛爭複雜局勢的基礎上，勾勒長江中游政治地理格局變遷的軌跡與動向。

一、唐末武陵雷氏之崛起

介於今鄂西、湘西、湘北和黔東北之間的武陵山區，是中國先民活動的重要地區，也是早期族群的聚居地之一，故有「武陵民族走廊」之稱。屢屢見諸秦漢文獻的「武陵蠻」，則是先秦時期由江漢平原逐漸遷徙至湘北的「三苗」或「濮人」，與當地土著長期相互融合演變而成的族群。〔註3〕具體就武陵雷氏而論，東漢建武二十三年（47），「南郡潳山蠻雷遷等始反叛」〔註4〕，足見其時的雷氏已經是該地區比較有勢力的蠻酋。在此之後，雷氏子孫世代相傳，至南北朝時期，雷氏與向氏成為本地的兩大著姓。〔註5〕儘管隋唐武陵地區的土著蠻夷，包括「清江蠻」「峽中蠻蜑」「武陵蠻」「石門蠻」「五溪蠻」「思州蠻」等眾多族群，但因其時的武陵郡或朗州，下轄武陵、龍陽二縣，故而其時的「武陵蠻」僅指「朗州蠻」，不再是秦漢和魏晉南北朝時期活動在湘西北、湘西與黔東北「諸蠻」的統稱。〔註6〕因此，唐末武陵土著族群實為「朗州蠻」。

唐末朗州蠻的興起與壯大，與武陵雷氏關係至為密切，雷滿則是帶領這支地方族群捲入區域紛爭的首要人物。雷滿，係「武陵洞蠻」〔註7〕「武陵人」〔註8〕，或曰「朗州武陵人」〔註9〕，實則為武陵地方蠻族，亦即朗州蠻。不過，其並非普通蠻民，而是朗州蠻酋。關於其發跡之經過，史籍有如下記載：

〔註3〕 黃柏權：《先秦時期「武陵民族走廊」的民族格局》，《思想戰線》2008年第3期。

〔註4〕 （南朝宋）范曄：《後漢書》卷86《南蠻西南夷列傳》，中華書局點校本1965年版，第2841頁。

〔註5〕 〔日〕岡田宏二：《中國華南民族社會史研究》，民族出版社2002年版，第358頁。

〔註6〕 伍新福：《湖南民族關係史》（上），民族出版社2006年版，第129頁。

〔註7〕 （宋）薛居正：《舊五代史》卷17《雷滿傳》，中華書局點校本1976年版，第236頁。

〔註8〕 （宋）歐陽修：《新五代史》卷41《雷滿傳》，中華書局點校本1974年版，第445頁。

〔註9〕 （宋）歐陽修、宋祁：《新唐書》卷186《鄧處訥傳附雷滿傳》，中華書局點校本1975年版，第5421頁。

雷滿……始為朗州小校，唐廣明初，王仙芝焚劫江陵，是時朝
廷以高駢為節度使，駢擢滿為裨將，以領蠻軍。駢移鎮淮南，復隸
部曲，以悍獷矯健知名。中和初，擅率部兵自廣陵逃歸於朗，沿江
恣殘暴，始為荊人大患矣。率一歲中三四移，兵入其郛，焚蕩驅掠
而去。唐朝姑務息兵，即以澧朗節度使授之。〔註10〕

朗州武陵人雷滿者，本漁師，有勇力。時武陵諸蠻數叛，荊南
節度使高駢擢滿為裨將，將鎮蠻軍從駢淮南。逃歸，與里人區景思
獵大澤中，嘯亡命少年千人，署伍長，自號「朗團軍」。推滿為帥，
景思為司馬，襲州，殺刺史崔翥。詔授朗州兵馬留後。歲略江陵，
焚廬落，劫居人。俄進武貞軍節度使。〔註11〕

綜合以上兩段記載可知，在王仙芝、黃巢農民戰爭的衝擊下，長江中游
的社會局勢動盪不安，武陵地區的眾多蠻族趁機紛紛起兵反叛。實際上，自
唐中後期伊始，中央政權對今湖南地區的控制力已大大減弱，地方豪強用兵
逞強對抗官兵、攻城略地的事例時有所見。如乾元二年（759）九月，「張嘉延
襲破荊州，荊南節度使杜鴻漸棄城走，澧、朗、郢、峽、歸等州官吏聞之，爭
潛竄山谷。」〔註12〕大曆十四年（779）十二月，「湖南賊帥王國良阻山為盜，
上遣都官員外郎關播招撫之。」〔註13〕截止唐末，其風尤熾，乾符六年（879），
「朗州賊周岳陷衡州，逐其刺史徐顥。……石門蠻向瓖陷澧州，權知州事呂
自牧死之。」〔註14〕溪洞諸蠻宋鄴昌、師益等酋首，亦皆起兵剽掠。〔註15〕
湖南地方局勢漸趨全面失控，唐廷僅能採用安撫當地賊帥和蠻酋的手段，以
實現地方安寧。

上述客觀形勢，為朗州蠻雷滿的崛起創造了條件。乾符五年（878），高
駢出任荊南節度使，為鎮壓義軍，即「補武陵蠻雷滿為牙將，領蠻軍」〔註16〕。
「有勇力」的朗州小校雷滿，被高駢拔擢為裨將，統帥由諸蠻組成的軍隊，

〔註10〕《舊五代史》卷17《雷滿傳》，第236～237頁。

〔註11〕《新唐書》卷186《鄧處訥傳附雷滿傳》，第5421頁。

〔註12〕（宋）司馬光：《資治通鑒》卷221，唐肅宗乾元二年九月，中華書局點校本
1956年版，第7081頁。

〔註13〕《資治通鑒》卷226，唐代宗大曆十四年十二月，第7274頁。

〔註14〕《新唐書》卷9《僖宗紀》，第269頁。

〔註15〕《新五代史》卷41《雷滿傳》，第445頁。

〔註16〕《資治通鑒》卷254，唐僖宗中和元年十二月，第8261頁。

雷滿則以「悍獷矯健」而知名軍中。高駢調任淮南節度使，雷滿以其所統蠻軍從行。不久之後，雷滿私自帶領麾下部伍逃歸朗州，進而招納亡命之徒以擴充實力，並著手整頓軍事編制，設立伍長，組建「朗團軍」，雷滿被推舉為這支地方軍隊的首領，另一武陵土豪區景思為司馬。

雷滿所統率的由朗州蠻族子弟組成的「朗團軍」，是名符其實的地方武裝力量。這股新興的地方勢力，對區域社會秩序帶來了極大的影響，並造成了極其嚴重的威脅，其極端行為主要有如下兩方面：其一是乾符六年（879），雷滿指揮朗團軍突襲朗州，殺刺史崔羣〔註17〕，以謀求掌握地方統治權；其二是在荊江兩岸肆行寇略，進攻江陵，焚毀廬舍，將居民財物洗劫一空。上述行為實則與悍匪無異，雷滿的朗團軍已然成為荊江流域的一大禍害。而雷滿統率朗州蠻的所做所為及其表現出的特點，其實也是唐末五代地方勢力的通病，更是地方武裝走向割據的前奏。但是，處於風雨飄搖中的大唐王朝自顧不暇，根本無力控制和駕馭各地反叛的武裝勢力，對於雷滿在朗州附近的為所欲為也只能聽之任之，故而在「姑息務兵」的策略下，唐廷不得不承認雷滿對於朗州的實際統治權，唐僖宗於中和元年（881）任命雷滿為朗州兵馬留後，唐昭宗於光化元年（898）置武貞軍，領澧、朗、漵三州，治朗州，〔註18〕以雷滿為節度使。雷滿自此取得澧、朗、漵三州的合法統治地位，躋身藩鎮行列。

雷滿之所以能獲得朗州的統治權，當然是唐中後期藩鎮坐大、中央王朝無法有效控制地方勢力的客觀形勢使然，亦與其「有勇力」「悍獷矯健」「兇悍獝勇」〔註19〕的個人稟賦有密切關係，然而雷滿終究為蠻酋，其所具有的蠻族特徵並未因成為朗州合法統治首腦而有所改變。史載：

（雷）滿貪殘穢毒，蓋非人類。又嘗於府署濬一深潭，構大亭於其上，每鄰道使車經由，必召讌於中，且言：「此水府也，中有蛟

〔註17〕《新唐書》卷9《僖宗紀》，第269頁。
〔註18〕（宋）王象之《輿地紀勝》卷68《荊湖北路·常德府》對此有所考證：「《澧州圖經》以為光化元年雷滿為武正軍節度，治朗〔澧〕州。按，《通鑑》僖宗中和元年以武陵蠻雷滿為朗州留後。又《通鑑》天復元年書曰：武正節度使雷滿卒，子彥恭自稱留後。又於梁太祖開平元年書曰：雷彥恭為楚將秦彥暉所攻，引沅江環朗州以自守。城壞，彥暉〔恭〕奔廣陵。則自雷滿至彥恭時，並以朗州為治所，非澧州也。《澧州志》所載莽是，今不取。」中華書局影印本1992年版，第2303～2304頁。
〔註19〕《新五代史》卷41《雷滿傳》，第445頁。

龍，奇怪萬態，唯余能游焉。」或酒酣對客，即取筵中寶器亂擲於
潭中，因自褫其衣，裸露其文身，遂躍入水底，徧取所擲寶器，戲
弄於水面，久之方出，復整衣就座，其詭誕如此。〔註20〕

可見雷滿稟性殘暴，手段毒辣，習於水性，但行為舉止有異常人，由此不難
窺知其馭下治軍的相關情形。

更為重要的是，行事詭誕、馭下乏術的雷滿出任武貞軍節度使，所形成
的一枝獨大局面，一定程度上又打破了武陵地區在湘北的原有勢力格局，勢
必引起本地其他蠻族武裝的不滿，因此以劃分勢力範圍為目標的新一輪爭奪
隨即展開。挑戰雷滿對武陵地區統治權的兩大勢力，分別為周岳與向瓌，誠
如史載：

先是，陬溪人周岳與滿狎，因獵，宰肉不平而鬥，欲殺滿，不
克。見滿已據州，悉眾趨衡州，逐刺史徐顥，詔授衡州刺史。石門
峒酋向瓌聞滿得志，亦集夷獠數千屠牛勞眾，操長刀柘弩寇州縣，
自稱「朗北團」。陷澧州，殺刺史呂自牧，自稱刺史。〔註21〕

據上述材料可知，同為武陵蠻族的陬溪人周岳與石門洞酋向瓌，並不甘心
屈居雷滿之下。實際上，周岳是雷滿早期聚集蠻眾的重要合作者之一，所謂
「滿與同里人區景思、周岳等聚諸蠻數千」〔註22〕。但兩者的結合併不長
久，周岳後因瑣事而與雷滿結怨，甚而大打出手，圖謀殺滿而未遂，故雷滿
羽翼豐滿、佔據朗州之後，其即率眾驅逐衡州刺史，取而代之。至於另一酋
帥向瓌則組建「朗北團」，並率眾攻陷隸屬於武貞軍節度使的澧州，自稱刺
史，但這股勢力不久之後即與朗州雷氏相互勾結，〔註23〕並未對割據朗州
的雷氏構成威脅。兩者之中，以周岳實力最為雄強，其在取得衡州後，又
「以輕兵入潭州，自稱欽化軍節度使」〔註24〕，相繼獲得衡州、潭州的實
際控制權。為剷除周岳勢力，唐邵州刺史鄧處訥「礪甲訓兵，積八年，結雷
滿為援，攻岳斬之」〔註25〕，最終消滅這股地方勢力，削弱了對抗雷滿的
力量。隨後唐廷在潭州設置武安軍，領潭、岳、衡等州，任命鄧處訥為節度

〔註20〕《舊五代史》卷17《雷滿傳》，第237頁。
〔註21〕《新唐書》卷186《鄧處訥傳附雷滿傳》，第5421頁。
〔註22〕《新五代史》卷41《雷滿傳》，第445頁。
〔註23〕《資治通鑑》卷266，後梁太祖開平二年五月，第8701頁。
〔註24〕《新唐書》卷186《鄧處訥傳附雷滿傳》，第5421頁。
〔註25〕《新唐書》卷186《鄧處訥傳附雷滿傳》，第5421頁。

使。至此，湘東、湘北分別由武安軍節度使和武貞軍節度使管轄，雷滿在朗州的統治得以進一步鞏固。而且，雷滿在朗州，「引沅水塹其城，上為長橋，為不可攻之計」〔註26〕，以穩固後方。至此，雷氏割據朗州的局面已然形成，該政權與相鄰政治勢力的矛盾則隨之逐步升級，並就此陷入與周邊多股勢力長期的相互爭鬥之中。

二、雷氏朗州政權與相鄰政治勢力的鬥爭

唐末割據一方的藩鎮普遍具有「喜則連衡而叛上，怒則以力而相併」〔註27〕的特點，雷氏朗州政治勢力亦概莫能外。儘管武貞節度使的授予，使湖南動盪的局勢短期內有所緩和，但該政權卻始終不滿足於據守一地，故而在竭力掠奪財物或擴大統治範圍的動機驅使下，屢屢發動對外戰爭，矛頭所向即為鄰近分屬荊南鎮、武安軍的相關地區，從而引發該區域內的多次混戰。

雷氏所據朗州，本係荊南節度使下轄支州，與治所江陵道里相近。由於中唐以後「中原多故，襄、鄧百姓，兩京衣冠，盡投江、湘，故荊南井邑，十倍其初」〔註28〕，江陵城內人戶繁庶，財富相對集中，也因此而成為雷氏政權覬覦的首選對象。其實，早在中和五年（885）之前，雷滿就多次麾兵進攻江陵，所謂「三以兵薄城，（陳儒）厚啗以利，乃去」〔註29〕，其目的尚在於獲取財物。當年正月，陳儒命攝行軍司馬張瓌出兵攻擊雷滿，張瓌卻趁機回師江陵「逐儒而代之」〔註30〕。文德元年（888），成汭率兵襲擊荊南，自任荊南留後，不久即被唐廷授以節鉞。其時朗州名義上仍然隸屬荊南，但在雷氏治下實際上已經獨立於荊南之外，後者無力憑藉軍事手段迫使朗州歸附，故而僅能冀望中央政府出面干預。成汭即「屢求割隸荊南，朝廷不許，汭頗怨望。及（徐）彥若過荊南，汭置酒，從容以為言。彥若曰：『令公位尊方面，自比桓、文，雷滿小盜不能取，乃怨朝廷乎！』汭甚慚」〔註31〕。依據此載還可看到的是，唐廷無意改變荊州被分割的現狀，已然默認朗州脫離荊州管

〔註26〕《新五代史》卷41《雷滿傳》，第445頁。
〔註27〕《新唐書》卷64《方鎮一表》，第1759頁。
〔註28〕（後晉）劉昫等：《舊唐書》卷39《地理志二·山南東道五》，中華書局點校本1975年版，第1552頁。
〔註29〕《新唐書》卷186《陳儒傳》，第5424頁。《資治通鑑》卷256，唐僖宗中和五年正月，第8319頁。
〔註30〕《資治通鑑》卷256，唐僖宗光啟元年正月，第8319頁。
〔註31〕《資治通鑑》卷262，唐昭宗光化三年九月，第8533頁。

轄的事實。

天復元年（901）十二月，雷滿卒，其子彥威自稱留後〔註32〕。雷彥威「狡
獪殘忍，有父風，常泛舟焚掠鄰境，荊、鄂之間，殆至無人」〔註33〕，其作
風與被視為「偏州一草賊」〔註34〕的其父雷滿並無二致，仍然以剽劫財物為
用兵的出發點，荊州依舊是重點攻擊對象。天復三年（903）五月，趁成汭援
救鄂州杜洪之際，彥威聯合武安軍節度使馬殷，「襲江陵，入之，焚樓船，殘
墟落，數千里無人跡」〔註35〕。是年十月，雷彥威之弟彥恭，「結忠義節度趙
匡凝以逐彥威，據江陵。匡凝弟匡明擊之，還走朗州」。而雷彥恭「貪殘類其
父，專以焚掠為事，荊、湖間常被其患」〔註36〕，但與其父有所不同的是，
彥恭的軍事出擊則明顯具有爭城奪地的意圖，其東連淮南楊行密，西結西川
王建，阻絕王命，隔斷江、嶺行商之路，荊、湘間飽受其害。

值得注意的是，就在朗州雷氏政權連續多年進攻江陵的同時，中原地區
以朱全忠、李克用為首的兩大軍事集團，經過曠日持久的拉鋸戰，前者逐漸
在汴晉爭衡中占得上風，並形成獨霸中原的局面。北方戰事的稍有緩和，為
朱全忠對付長期與其對立的山南東道節度使趙匡凝提供了時機。趙氏兄弟不
服朱全忠，在「天子微弱，諸道貢賦多不上供」的形勢下，仍然對於唐廷「委
輸不絕」〔註37〕，並「東與楊行密交通，西與王建結婚」〔註38〕。朱全忠既
深惡趙氏兄弟，又有意攻佔素有兵家要地之稱的荊襄，遂於天祐二年（905）
派遣軍隊攻伐荊襄，一舉而下之，相繼佔有襄陽、江陵等地，荊南被納入朱
氏勢力範圍，賀瓌充荊南留後。次年十月，雷彥恭屢次興兵進攻江陵，留後
賀瓌閉城自守，「朱全忠以為怯，以潁州防禦使高季昌代之，又遣駕前指揮使
倪可福將兵五千戍荊南以備吳、蜀，朗兵引去」〔註39〕。開平元年（907）六
月，雷彥恭聯合楚兵進攻江陵，荊南節度使高季昌引兵屯公安，絕其糧道；

〔註32〕《新唐書》卷186《鄧處訥傳附雷滿傳》，第5423頁。《資治通鑒》卷262「唐
　　　　昭宗天復元年十二月」同此。第8566頁。按，《舊五代史》卷17《雷滿傳》
　　　　載：「及（雷滿）死，子彥恭繼之」。第237頁。今從《新書》與《通鑒》。
〔註33〕《資治通鑒》卷264，唐昭宗天復三年五月，第8609頁。
〔註34〕《舊五代史》卷17《成汭傳》，第230頁。
〔註35〕《新唐書》卷186《鄧處訥傳附雷滿傳》，第5423頁。
〔註36〕《資治通鑒》卷266，後梁太祖開平元年九月，第8684頁。
〔註37〕《資治通鑒》卷264，唐昭宗天復三年十月，第8621頁。
〔註38〕《資治通鑒》卷265，唐昭宗天祐二年八月，第8645頁。
〔註39〕《資治通鑒》卷265，唐昭宗天祐三年十月，第8663頁。

彥恭敗，楚兵亦走。〔註40〕當年九月，雷彥恭又麾師進擊涔陽、公安，結果再次被高季昌擊敗。〔註41〕雷氏朗州政權奪取荊州的計劃終究以失敗而收場。

除多次用兵荊南治所江陵及其轄地涔陽、公安外，朗州政權也曾將兵鋒指向武安軍所屬岳州。岳州，本係唐武昌軍節度、鄂岳觀察處置等使所轄六州之一，唐末伊始其隸屬關係屢有變更。光啟二年（886），岳州刺史杜洪乘虛入鄂，自稱武昌留後，唐廷因以授之。湘陰賊帥鄧進思復乘虛陷岳州。〔註42〕天復二年（902），鄧進思卒，其弟進忠自稱刺史。〔註43〕在此階段，岳州已脫離武昌軍管轄。天復三年（903）五月，武安軍節度使馬殷部將許德勳，「還過岳州，刺史鄧進忠開門具牛酒犒軍，德勳諭以禍福，進忠遂舉族遷於長沙。馬殷以德勳為岳州刺史，以進忠為衡州刺史」〔註44〕。岳州併入馬楚政權，其後雖一度隸入楊吳，但為時甚短，不久即重入湖南。從地理形勢來看，岳州「綰荊、湘、鄂三州之衝，談形勝者未嘗不首及巴陵」〔註45〕，誠為控制湖南東北面的軍事要地，朗州雷氏對之亦有吞併的企圖。開平元年（907）七月，雷彥恭舉兵進攻岳州，但未能如願。〔註46〕

由於雷氏統治澧朗期間，「專以焚掠為事」，尤其是交結淮南楊吳政權，頻頻對外征戰，嚴重干擾了區域社會的穩定，對於後梁、馬楚和高氏荊南政權的統治構成了莫大的威脅，故而，開平元年九月「丙申，（梁太祖）詔削彥恭官爵，命季昌與楚王殷討之」〔註47〕。關於高氏荊南與馬楚對於朗州的討伐，史載甚詳：

> （開平元年）冬，十月，高季昌遣其將倪可福會楚將秦彥暉攻朗州，雷彥恭遣使乞降於淮南，且告急。弘農王遣將冷業將水軍屯平江，李饒將步騎屯瀏陽以救之，楚王殷遣岳州刺史許德勳將兵拒之。冷業進屯朗口，德勳使善游者五十人，以木枝葉覆其首，持長刀浮江而下，夜犯其營，且舉火，業軍中驚擾。德勳以大軍進擊，

〔註40〕《資治通鑑》卷266，後梁太祖開平元年六月，第8683頁。
〔註41〕《資治通鑑》卷266，後梁太祖開平元年九月，第8684頁。
〔註42〕《資治通鑑》卷256，唐僖宗光啟二年十二月，第8343頁。
〔註43〕《資治通鑑》卷263，唐昭宗天復二年十二月，第8589頁。
〔註44〕《資治通鑑》卷264，唐昭宗天復三年五月，第8609頁。
〔註45〕（清）顧祖禹：《讀史方輿紀要》卷77《湖廣三·岳州府》，中華書局點校本2005年版，第3627頁。
〔註46〕《資治通鑑》卷266，梁太祖開平元年七月，第8684頁。
〔註47〕《資治通鑑》卷266，梁太祖開平元年九月，第8685頁。

大破之，追至鹿角鎮，擒業；又破瀏陽寨，擒李饒；掠上高、唐年
而歸。斬業、饒於長沙市。〔註48〕

上述朗口之戰是雷氏朗州政權誕生以來，第一次遭受外部力量的主動攻擊，
此次戰事的結果也徹底扭轉了戰爭雙方的攻守形勢，朗州長期引為奧援的淮
南政權，則已基本喪失對其的支持能力。如開平二年（908）四月，淮寇侵軼
潭、岳邊境，欲援朗州，以戰艦百餘艘揚帆西上，泊鼎口。湖南馬殷遣水軍都
將黃瑀率樓船遮擊之，賊眾沿流宵遁，追至鹿角鎮。〔註49〕在與淮南的聯繫
被切斷之後，朗州雷氏政權日漸孤立，馬楚掌握了對朗州的戰略主動權。

朗口之戰結束後，馬楚並未解除對朗州的進攻，並對其治所朗州城形成
了合圍之勢，雷彥恭被迫「引沅江環朗州以自守，秦彥暉頓兵月餘不戰，彥
恭守備稍懈；彥暉使裨將曹德昌帥壯士夜入自水竇，內外舉火相應，城中驚
亂，彥暉鼓譟壞門而入，彥恭輕舟奔廣陵。彥暉虜其弟彥雄，送于大梁。淮
南以彥恭為節度副使。先是，澧州刺史向瓌與彥恭相表裏，至是亦降於楚」
〔註50〕，澧、朗二州為馬楚所有，朗州政權就此覆滅。至於雷氏自中和元年
（881）奪取澧、朗至開平二年（908）為馬氏所滅，前後存在不到 30 年即
迅速敗亡的原因，則大體如論者所言，雷彥恭不善處理對外關係、中原王朝
不再姑息與淮南援助的喪失等。〔註51〕

三、雷氏朗州政權與長江中游區域政治格局的再造

儘管雷氏朗州政權存續的時間有限，但因其地緣位置特殊，且與鄰近勢
力連年角逐，故而其不僅僅對其時區域範圍內的政局動盪產生了極為顯著的
影響，更為重要的是，其作為獨立政治單元的出現，直接打破了唐末以來長
江中游政治地理的原有格局，造成了政治地理格局的重新洗牌，其所產生的
結果又在相當程度上確立了本區域在五代十國乃至今日政區劃分的基本面
貌，影響極為深遠。

雷氏割據政權的統治中心朗州，北屏荊渚，南臨長沙，實為要會之所
在。其與澧、岳、潭、辰四州接壤，「東抵洞庭，西鄰夜郎。……荊渚以為

〔註48〕《資治通鑑》卷 266，後梁太祖開平元年十月，第 8685～8686 頁。
〔註49〕《舊五代史》卷 4《梁太祖紀四》，第 61 頁。
〔註50〕《資治通鑑》卷 266，後梁太祖開平二年五月，8701 頁。
〔註51〕胡耀飛、謝宇榮：《唐末五代初期朗州雷氏政權的興衰和意義》，載《唐史論
　　　叢》（第二十四輯），第 291～293 頁。

唇齒」〔註52〕，「左包洞庭之險，右控五溪之要」〔註53〕。自古以來，朗州便為兵家常爭之地。對於朗州特殊的地理形勢，清人顧祖禹有如下詳盡分析：

> 今自巴陵而西，江陵而南，取道辰、沅，指揮滇、黔者，郡其攬轡之初也。由江陵陸道而西南，則澧州為必出之道。由巴陵水道而西南，則洞庭為必涉之津。又公安縣有孫黃驛，兩京陸路由常德以達雲、貴者，此又為會合之所，一從江陵而南，一從巴陵而西，皆自澧州達于常德云。然則常德不特荊湖之唇齒，即滇、黔之喉嗌也歟。〔註54〕

朗州實則是由江漢平原進入大西南通道的必經之地，戰略地位極其重要，朗州的穩固與否直接影響荊州的安危，自兩漢以來就存在「荊州之治亂視群蠻之順逆」〔註55〕的關係。

具體就中唐以後朗州與荊州的關係而言，至德二年（757），唐廷設置荊南節度使，也稱荊澧節度，治所在荊州。荊州「右控巴蜀，左聯吳越，南通五嶺，北走上都」〔註56〕，是長江中游的交通樞紐，也是唐廷掌控長江中游政治局勢的關鍵性區域。對於設置荊南鎮的重要性，皇甫湜曾有如下概括：「荊山之南，府壓上游，置尹視京、河，置使視揚、益，同巴蜀、吳越之治。臻自上古，為天下敵，在今為咽喉之地，置荊南之治否，乃天下低昂也。」〔註57〕設置荊南鎮實為天下大勢低昂與否的關結所在，確保江陵對於唐廷意義重大，荊州實際上已上升為影響唐廷政治全局的區域政治中心。而唐王朝在設置荊南節度使之初，其所隸十州包括荊、澧、朗、郢、復、夔、忠、萬、歸等，朗州為其一。是年，升夔州防禦使為夔峽節度，乾元二年（759）置澧、朗、潊都團練使，治澧州，領夔、峽、忠、萬、歸五州，其後廢置無常。〔註58〕但至唐末之前，朗州長期隸屬於荊州，所謂「領（荊州，即江陵府）澧、朗、硤

〔註52〕《輿地紀勝》卷68《荊湖北路‧常德府》，第2308頁。
〔註53〕《讀史方輿紀要》卷80《湖廣六‧常德府》，第3770頁。
〔註54〕《讀史方輿紀要》卷80《湖廣六‧常德府》，第3771頁。
〔註55〕《讀史方輿紀要》卷80《湖廣六‧常德府》，第3771頁。
〔註56〕（清）董誥等編：《全唐文》卷336，（唐）顏真卿：《謝荊南節度使表》，上海古籍出版社影印本1983年版，第3405頁。
〔註57〕《全唐文》卷686，（唐）皇甫湜：《荊南節度判官廳壁記》，第7029頁。
〔註58〕《新唐書》卷67《方鎮表四》，第1871頁。

（峽）、夔、忠、歸、萬等八州」〔註59〕，即為其證。可見，朗州是荊南節度
使所轄地域的重要構成部分之一，與地緣位置相近的荊州關係相當密切，兩
者係長江中游南北兩岸的軍事要地，戰略意義重大。正因如此，朗州形勢的
變化必然波及荊州，進而對區域政治地理格局的重新分布帶來影響。

在唐末地方割據浪潮逐年走高的總體形勢下，荊南鎮所轄諸州，也先後
淪為相鄰軍閥爭奪的對象，截止唐亡前夕，荊南原管八州被分割殆盡，惟餘
荊州而已，即如史載：「乾符以來，寇亂相繼，（荊南）諸州皆為鄰道所據，獨
餘江陵。」〔註60〕最早脫離荊南鎮管轄者即雷滿割據澧州、朗州，其以中和
元年（881）雷滿被授以朗州留後為標誌。天復三年（903），成汭失荊南，西
川王建乘機襲取荊南屬郡，並於當年十月取得夔、忠、萬、歸、峽等五州。
〔註61〕如此一來，中唐以來一直為唐廷穩定控制的荊南鎮，〔註62〕至此接近
解體，荊南鎮左右長江中游局勢的能力亦隨之大大下降，區域政治中心的地
位自然不復存在。而荊州區域政治中心地位的喪失，反映出的則是唐廷無力
控馭長江中游局勢的事實，這就為當地各方勢力爭相加入割據行列鋪平了道
路。上述情形的出現，顯然與朗州雷氏的崛起存在直接關係。

並且，朗州的獨立即武貞軍節度使的設立，本身就意味著新的割據勢力
的產生，今湖南境內的政區亦隨之有所變動。聯繫唐末形勢來看，乾寧元年
（894），割據淮南的楊行密與「挾天子以令諸侯」的朱全忠交惡，兩者勢同
水火。而朗州在較長時期內表面上仍然接受唐廷控制，如天復三年（903），
唐昭宗命淮南節度使楊行密討伐鄂州杜洪，「朱全忠使韓勍救之，諷汭與馬殷、
雷彥威掎角」〔註63〕，其時朗州雷氏似乎仍能聽從朱全忠號令，但其與淮南
的密切關係，妨礙了朱全忠利益的實現。特別在朱氏篡唐建梁之後，朗州政

〔註59〕《舊唐書》卷39《地理志二·山南東道五》，第1552頁。《資治通鑒》卷266
　　　　「後梁太祖開平元年五月」亦載：「荊南舊統八州」。胡三省注：「荊、歸、硤
　　　　（峽）、夔、忠、萬、澧、朗，共八州。」第8680頁。（清）吳廷燮：《唐方
　　　　鎮年表》卷5《荊南》同此，中華書局1980年版，第679頁。（清）吳任臣：
　　　　《十國春秋》卷100《荊南一·武信王世家》雖未列州名，仍言「荊南舊統八
　　　　州」。中華書局點校本1983年版，第1428頁。
〔註60〕《資治通鑒》卷266，後梁太祖開平元年五月，第8680頁。
〔註61〕曾育榮：《高氏荊南史稿》，臺灣花木蘭文化出版社2015年版，第27頁。
〔註62〕李文瀾：《湖北通史·隋唐五代卷》，華中師範大學出版社1999年版，第170
　　　　頁。
〔註63〕《新唐書》卷190《成汭傳》，第5484頁。

權實際已經處於後梁的對立面，這就為歸附後梁的馬楚、高氏荊南攻擊朗州政權埋下了伏筆。後梁立國的當年九月，朱溫即下令馬楚與荊南聯合出兵攻打朗州，次年馬楚即據有澧、朗二州。

澧朗地區的併入，不僅使馬楚政權徹底解除了來自西部朗州勢力的軍事騷擾，控制範圍擴展至武陵山區，而且從防禦高氏荊南兵鋒奔襲的需要出發，朗州由以上升為馬楚轄區內僅次於潭州的第二大軍事中心，並一直由馬氏子弟直接管轄。不過，在此基礎上形成的潭州和朗州的並立關係，卻對其後數年間馬楚政局的變動產生了直接影響。馬殷死後，馬氏諸子分別以潭州和朗州為據點，為爭奪楚王之位相互攻伐不已。南唐滅亡馬楚之後，朗州地方勢力劉言等人又起兵驅逐南唐軍隊，以潭州殘破，移治所於朗州，後周即升朗州為武平軍，置武安軍之上。不久湖南再次陷入混戰，武陵人周行逢為眾所推，繼任武平軍節度使，取得湖南統治權，建立後朗州政權，且以朗州為政治中心，從而形成以朗州為核心統治湖南的局面〔註64〕。乾德元年（963），該政權亡於北宋。

追根溯源，上述五代末年至宋初湖南以朗州為統治核心的格局，儘管是經過長期混戰之後最終塑造而成，但細究其實，顯然與唐末以雷氏父子為首的朗州蠻地方勢力的強勢崛起密不可分。正是因為雷氏割據導致的朗州獨立政治實體的出現，才極大程度提升了朗州的軍事地位，朗州也一度成為馬楚境內僅次於潭州的軍事中心，其後乃至演變為控制湖南全境的政治、軍事核心。所以說，雷氏朗州政權的出現與存在，不僅影響及於唐末五代初期二三十年間長江中游的政局動盪，而且對於此後數十年湖南統治中心的位移起到一定的作用。

另外，如前所述，原屬唐武昌軍節度、鄂岳觀察使的岳州，也在唐末兵戈擾攘之際多次易主，乃至最終脫離鄂州管轄而依附馬楚政權。楊吳政權在取得鄂州後，意欲奪取岳州，恢復鄂州舊境，其原因在於，「蓋湖南得之足以規取荊、鄂，淮南得之足以包舉湖南，故爭之急也。……蓋自江而東西，自湖而南北，巴陵皆居其要會，巴陵未下，不可以圖進取也」〔註65〕。天祐三年（906），楊吳曾短暫佔有岳州，次年因進攻潭州失利，岳州復為馬楚所有。天成三年（928），淮南又遣王彥章、苗倫等寇岳州，結果大敗，乃至不得不遣

〔註64〕謝宇榮：《唐末五代環洞庭湖三區歷史軍事地理研究》，第45～65頁。
〔註65〕《讀史方輿紀要》卷77《湖廣三·岳州府》，第3627～3628頁。

使乞和。此後截至馬楚亡於南唐之前，岳州歸屬未有變更。值得注意的是，地處朗州的雷氏政權，亦曾一度「攻岳州」，雖說未能遂願，但多少顯露出該政權向外擴張以爭奪長江中游控制權的野心，奪取岳州則是爭霸的前提。不過，上述情況又表明岳州已從鄂州轄下脫離而出，而與潭州聯為一體，並與衡州共同構成武安軍節度使的轄區，繫馬楚政權防禦江北、江東勢力進攻的軍事重鎮。這種變化在政治地理格局變動方面導致的直接後果，就是岳州劃入湖南，而淮南楊吳政權在長江中游的勢力止於鄂州。

因此，朗州蠻雷氏割據朗州所引發的反應，絕不僅僅限於地方政局的長期失衡，其更為明顯的後果，則是對唐中葉以來長江中游政治地理格局產生的巨大衝擊，包括荊南、湖南、鄂岳等鎮的原有轄地都不同程度地因此而受到影響，其具體表現就是繼澧、朗二州從荊南割隸之後，岳州也從鄂州脫離而出，並先後成為湖南馬楚政權的轄地。上述變動，則直接促成了五代時期荊南、馬楚與楊吳鼎峙於長江中游的局面。

四、餘論

以雷氏父子雷滿、雷彥威、雷彥恭為首的朗州蠻，在唐末地方獨立化浪潮中的崛起，乃至獨佔其地，既是藩鎮割據持續惡性發展的必然產物，也是土豪蠻酋介入地方權力爭奪的典型個案。儘管朗州雷氏政權因實行焚掠掃蕩的野蠻政策，加之採取聯繫楊吳而背叛中朝的不切實際的外交政策，導致其迅速走向覆滅，但其實際影響卻不僅僅在於對其時長江中游政局帶來的長期震盪，更在於對於政治地理格局產生的再造作用。正因為朗州政權這一獨立政治單元的出現及其與鄰近勢力的鬥爭，原屬荊南的澧、朗二州被先行割隸，荊州作為唐廷穩定長江中游局勢的地位已然喪失；原轄於鄂岳的岳州則歸附馬楚，鄂州捍禦長江中游的能力亦因此而削弱，淮南楊吳在江漢地區的實力有所下降；馬楚則因相繼獲得岳州和澧、朗二州，大大增強了與荊南、淮南抗衡的實力，故而五代長江中游在相當長的時期內維持的就是馬楚、荊南、淮南鼎足而三的均勢格局，與中唐以後該區域範圍內的政治地理秩序存在顯著區別。

勿庸諱言，五代時期長江中游的上述三個割據政權彼此制衡的局面，相當程度上就是緣於以朗州為核心區域的武貞軍轄地的併入，朗州也因其特殊的地緣優勢而上升為馬楚政權的又一軍事中心，擔負防禦和牽制江北荊南勢

力南下的任務，馬氏統治者長期苦心經營其地、任命子弟為節度使以防止控制權旁落的奧秘即在於此。不過，潭州和朗州兩大區域中心的並立，固然在後梁至後晉各朝的確有助於馬楚政權東部國境的鞏固及西北部邊疆的捍禦，但至後漢時期馬氏諸子陷入紛爭的情況下，朗州地方勢力的再度抬頭，卻成為對抗潭州的巨大威脅，並又一次造成了區域社會秩序的嚴重失衡，最終更是導致馬楚政權的覆亡。其後，潭州的區域中心地位甚至被朗州取而代之，後者一度主宰湖南全局的政治局勢。而在宋初推行統一戰爭的進程中，由於乾德元年（963）荊南和後朗州政權相繼被宋廷吞併，此前多股勢力絞結於長江中游的複雜局面得以簡化，荊南、湖南和淮南的三足鼎峙格局，也被北宋和南唐的對立所代替，朗州在唐末五代長江中游多元政權博弈中的重要性不復再現。其間的原因顯然在於，朗州蠻的勢力因遭到了中原王朝的強力遏制，對於地方社會的影響力漸趨式微，朗州的軍事戰略價值也因此而大大降低。然而，這並不意味著唐末五代朗州蠻的崛起，對於區域政治地理格局改造的終結。

如果將歷史的視線向下延伸，不難發現，因朗州蠻介入而造就的唐末五代長江中游的政治地理格局，至宋初統一南方之後，再度有所調整。以唐五代舊制為基礎，結合權宜治理所滅南方諸國疆域的需要，太平興國四年（979），宋廷在長江中游及其鄰近地區設立山南東道、江南西道和淮南道三個高級政區，荊州仍屬山南東道，鄂州、岳州、潭州、朗州、澧州則依舊是江南西道的轄地。至道三年（997），宋廷始分天下為十五路，以荊湖南、北和淮南、江南路分別領有長江中游的若干州縣，荊湖地區自此南北分治，荊州、鄂州、朗州、澧州和岳州隸屬於荊湖北路，而潭州則轄於荊湖南路，各以荊州江陵和長沙為其治所。與唐末五代相較，荊州、鄂州與潭、朗、岳州分治的情形，至此被改造為荊、鄂、朗、岳州聯為一體，而以潭州為湖南統治中心的格局所取代，兩者之間存在明顯差異。至於其間的原因，恐怕在於經過唐末百餘年分裂割據和恢復南北統一之後，在吸取前代政區設置的經驗和教訓基礎上，趙宋王朝對於長江中游地區的高級政區設置，一定程度上放棄了前代奉行的「犬牙交錯」原則，更多考慮的「山川形便」因素。畢竟地處洞庭湖以北的荊、鄂、岳州均同屬江漢平原，朗州則與荊州所轄峽州、歸州同處武陵山區，族群性質亦幾近一致。或因如此，長江中游上述數州的隸屬情況，才會在宋初出現如此大幅度的調整，而這種格局也一直與兩宋相始終。

　　本文臨了之前，還有一語不可不提。應該是由於岳、澧、朗三州在五代
時期曾一度併入馬楚的緣故，元代統治者實施行省制度時或許對此有所借鑒，
其時湖廣行省下轄的湖南，領有 14 路 3 州，其中即包括岳州路、澧州路和常
德路。一直到明清時期乃至今日，湖南政區的大體面貌仍然如此，長期沿而
弗改。就此來說，朗州雷氏政權對於唐末五代以來，長江中游政區變動的影
響不可謂不深遠，此點顯然是今人考察唐末五代長江中游政治地理格局變動
時，不能不予以留意之處。

原刊於《思想戰線》2020 年第 4 期

五代吏部選人文書初探

一、問題的提出

有唐一代，吏（兵）部選拔、任用「官卑數多」的六品以下文（武）官員，是量材授官的銓選的主要職責之一。通常所說的銓選，即指六品以下文（武）官員的選授。銓選所考核的具有任官資格者，即為選人，包括通過科舉及第、門蔭出身、雜色入流、軍功晉升等途徑獲取出身者，以及停替待選的前資官。唐制，吏部掌文選，兵部掌武選，主持銓選的機構稱為銓司。因銓試在吏（兵）部南院進行，所以銓司又名南院、選院或南曹。南曹又常指負責「磨勘」，即勘驗選人簿歷文狀的吏（兵）部南曹。銓選往往由吏（兵）部尚書 1 人、吏（兵）部侍郎 2 人主持工作，分掌六、七品選與八、九品選，是為「三銓」，其主要職責是銓試、注擬。唐睿宗景雲年間，尚書、侍郎可通試六品至九品官員，三銓仍然分開，治事者也不一定是尚書、侍郎，往往臨時差官充任。銓選是一項頗為複雜的系統工程，一般自每年五月吏部便須向各州縣下達本屆選人資格範圍即「選格」，自十月一日所有合格選人赴京參選，謂之「冬集」，至次年春末完畢。整個「選限」過程，前後持續時間幾近一年。在如此曠日持久的進程中，選人能否被判成合格選人，及至其後的被注官、擬官、任命，通常與選人的出身、資格、才幹、勞績等因素相關，而反映上述內容的載體恰恰是各類文書，因此銓選實際上是依託於選人文書而展開的工作。唐代「每歲選人，有解狀、簿書、資歷、考課，

必由之以覈其實，乃上三銓。其三銓進甲則署焉」〔註1〕；「銓選之司，國家重務，根本所繫，在於簿書」〔註2〕。藉此而論，選人文書是吏（兵）部注判選人的根本憑據，三銓注擬選人的基礎在於案牘，其對於銓選結果的影響舉足輕重。

　　繼李唐而起的五代十國，是唐末藩鎮割據持續惡性發展的產物，也是中國歷史上繼魏晉南北朝之後的又一典型分裂時期。從五代中原王朝來看，其時戰事不休，寰宇分裂，政局動盪，朝代更迭頻繁，但銓選並未因此而止步。五代時的三銓雖屢經分合，銓選的截止期限，儘管也在後周世宗顯德五年（958）正月，改為至當年十二月上旬結束，〔註3〕然而銓選的具體操作，仍然與唐制相仿。並且，選人「每至赴調，必驗文書」〔註4〕，文書同樣是銓選中必不可少的材料。由於當時社會秩序長期失控，自唐末以來銓選條制紊亂失範的現象，很長一段時間並無改觀，選人文書散佚、假冒的情形較為嚴重。為使銓選步入良性化軌道，保證官員任用的正常進行，後唐以降，規範銓選制度的力度逐漸有所增強，其重要舉措即是對選人文書的要求更趨嚴格，尤其是對於選人文書的齊備、真實，書寫是否合於樣式等方面，各朝相繼制訂出若干具體明晰的規定，吏（兵）部官員對於選人文狀的審查也更為細緻嚴謹。審查選人文書的工作始於吏（兵）部南曹，由吏（兵）部員外郎2人主持工作，稱為「判南曹」，其主要職責為「磨勘」，即審核、推究選人文書，對選人進行身份甄別和資格審查。至五代時期，初見於唐代中葉的磨勘，已經成為一種經常性制度化的措施。〔註5〕這是任官資格制度發展至五代時期出現的一項新內容。其後在正式進入銓選之前，選人遞交的文書仍需逐一進行核實。以此為基礎，銓司才能依次進入試判、注擬選人的程序。凡此種種，莫不表明，選人能否遷轉，與文書的關係愈益密切。實際上，直至宋代，諸路罷任得替之常調京朝官、幕職州縣官，赴部參選，依然需要按照規定提交文書，

〔註1〕　（後晉）劉昫等：《舊唐書》卷43《職官志二》，中華書局點校本1975年版，
　　　　　第1820頁。
〔註2〕　（宋）王溥：《唐會要》卷82《甲庫》，上海古籍出版社點校本1991年版，第
　　　　　1794頁。
〔註3〕　（宋）王欽若：《冊府元龜》卷634《銓選部·條制六》，中華書局影印本1960
　　　　　年版，第7609頁。
〔註4〕　《冊府元龜》卷633《銓選部·條制五》，第7586頁。
〔註5〕　曾小華：《中國古代任官資格制度與官僚政治》，杭州大學出版社1997年版，
　　　　　第70頁。

其中包括詳細記錄鄉貫、三代、年齒、出身、履歷、舉主及功過的家狀、腳色、薦狀和印紙歷子等。〔註6〕銓選對於參選者提交的案籍文狀同樣極其重視，如《吏部條法·印紙門》之《尚書侍郎左右選通用令》載：「諸參選者，錄白出身以來應用文書，並同真本，於書鋪對讀，審驗無偽冒，書鋪系書。其真本令本官收掌，候參部日，盡齎赴本選，當官照驗。」常調官員差遣的除授，主要根據審驗文書的結果。而介於唐宋之際的五代時期，承前啟後，具有明顯的過渡性、銜接性特徵，選人文書制度也具有這種轉型階段的特點，值得予以關注。但是，迄今為止，學界對於五代銓選問題的研究，甚少觸及選人文書層面。杜文玉曾就其時的選官制度予以探討，〔註7〕雖間或涉及於此，但著墨不多，稍欠具體詳盡；拙著《中國歷史·五代史》亦有與此相關的內容，〔註8〕但為體裁、結構所限，敘述仍不完備。因此，該項研究仍有深入的空間，有待推進。

由於吏部與兵部選人文書大致雷同，而吏部史料相較豐贍，是故本篇僅側重於五代時期吏部選人文書種類與內容的考述。揆諸史籍，其時吏部選人文書，見於記載的有解狀、解由、歷子、考牒、告身、告敕、公憑、家狀、保狀等九種，較之唐代的解狀、簿書、資歷、考課等四種，明顯有所增多，其所牽涉的內容也更加細密翔實。這也是五代銓選制度的一大特色。鑒於五代吏部選人的九種文書，在銓選中的使用大致對應於赴選、注判和引驗三個階段，故下文據此將吏部選人文書的種類和內容略作勾稽，分而述之，並對與此相關的若干問題稍加敷陳，以就教於學界同好。

二、選人赴選階段的四種文書

後梁一朝和後唐前期，銓選條制尚不十分嚴密，選人文書不足或不合式樣的情形時有所見，頗不便於銓司工作的正常開展。後唐明宗長興二年（931）正月，對於選人赴選應具的文書種類及其書寫規範，開始作出明確規定：「仍令吏部南曹，各寫一本解由、歷子、考牒、解狀式樣，徧下諸處。此後並須文

〔註6〕鄧小南：《宋代文官選任制度諸層面》，石家莊，河北教育出版社1993年版，第221頁。
〔註7〕杜文玉：《五代選官制度研究》，《中國史研究》2002年第3期。另參見氏著《五代十國制度研究》，人民出版社2006年版，第64～72頁。
〔註8〕陶懋炳、張其凡、曾育榮：《中國歷史·五代史》，人民出版社2009年版，第304～313頁。

書周備。」〔註9〕所謂選人「文書周備」，意即赴選時必須具備解狀、解由、曆子、考牒等四種文書。如果公然違犯，文書欠少，選人會受到相應處罰。符合選限，取得解狀赴選，是選人參選的前提條件。其他三種文書，同樣不可或缺。後晉高祖天福二年（937）五月，有臣僚建議：前資官員「據考牒及解由、曆子，轉年得盡，合格不虛，便與判行」〔註10〕。可見，考牒、解由、曆子是吏部南曹判斷選人是否符合選限、具備參選資格的憑據。後周太祖廣順元年（951）六月的規定，對此又有清楚說明，選人若無解由、曆子、考牒者，吏部將通知本道州縣調查選人的在任治績，情況屬實，才能由銓司出給憑由赴選。〔註11〕否則，選人即遭駁放。就此而言，在正常情形下，上述四種文書是選人參選的通行證。

1. 解狀　每年五月，符合選格科限的選人，填寫稱為「銓狀」的報名表，並將其投送至本郡或任所，由府州或本司長官在上面簽署審查意見後，出具給選人，是為「解狀」「選狀」「選解」或「文解」。唐制，「每歲五月，頒格于州縣，選人應格，則本屬或故任取選解，列其罷免、善惡之狀，以十月會于省，過其時者不敘。其以時至者，乃考其功過。」〔註12〕另有記載亦云：「先時，五月頒格於郡縣，示人科限而集之。初，皆投狀於本郡或故任所，述罷免之繇，而上尚書省。限十月至省，乃考覈。」〔註13〕解狀的內容為「資緒、郡縣鄉里名籍、父祖官名、內外族姻，年齒形狀、優劣課最、譴負刑犯」〔註14〕。除後兩項為選人所在郡長官或任所長官書寫的罷免、善惡之狀外，其他都是選人自書的項目。據此而言，解狀實則是反映官員個人履歷的文書，主要內容為本人出身、三代家狀、鄉貫、骨肉、在朝親情、年齒形貌、考核資序、優劣課最、罷職年月等。

選人向本州府或故任投狀，申請赴選，由地方長吏出具解狀。解狀的書寫，必須與當年五月吏部下達給各州府的選格所規定的樣式相一致，解狀若

〔註9〕《五代會要》卷21《選事下》，上海古籍出版社1978年版，第341頁。
〔註10〕《冊府元龜》卷633《銓選部・條制五》，第7598頁。
〔註11〕《冊府元龜》卷634《銓選部・條制六》，第7606頁。
〔註12〕（宋）歐陽修、宋祁：《新唐書》卷45《選舉志下》，中華書局點校本1975年版，第1171頁。
〔註13〕《冊府元龜》卷629《銓選部・條制一》，第7544頁。
〔註14〕（唐）杜佑：《通典》卷15《選舉三・歷代制下》，中華書局點校本1988年版，第360頁。

與選格格式不合，選人即無緣赴選。為避免解狀出錯，後唐明宗在位時即要求各地官府根據規範樣式進行呈報。長興三年（932）正月，又規定：「選人文解不合式樣，罪在發解官吏。」〔註15〕旨在強調地方官吏務必恪守標準樣式書寫解狀，否則治罪。後晉高祖天福三年（938）正月，重申：「所司偏下諸道，起今後文解差錯，過在發解州府官吏。」〔註16〕但地方州府對於選門格敕「該詳蓋寡」，「凡給文解，莫曉規程」的情形，仍然屢有出現，「以致選人自詣京都，親求解樣」，故吏部侍郎王易簡奏：「臣欲請選人文解條例，各下諸州知。委南曹詳定解樣……各下諸州，如禮部貢院板樣書寫，立在州院門。每遇選人取解之時，各準條件遵行，仍依板樣取解。」〔註17〕這種措施的執行，當更加有利於各地州府遵照規範樣式擬寫解狀。

2. 曆子　指官員赴任時，由吏部簽發並加蓋印章的文書，主要詳細記載官員上任月日和累任月日，以及任期治績諸項。曆子要求能反映官員現任實績的詳細情況，儘量做到事無鉅細，靡所不包。後周廣順二年（952）三月，針對參與祭祀宗廟的在京諸司行事官的改選，下令吏部南曹「別驗出身、歷任行事、無遺闕曆子，委無違礙，與各減一選」〔註18〕。可見，曆子對於官員任期內各項事務的記載極為細緻。地方官員的曆子，同樣包含在任治績的內容，主要是戶口和租稅數額的變化情況。這是由於其時干戈屢作，戶口凋耗嚴重，賦稅徵收頗為不易，為使地方政府能向長期處於財政窘境的朝廷提供切實有效的經濟支撐，五代各朝無一例外地鼓勵地方官員招撫流亡，增加戶口，發展地方經濟，並將其作為官員升遷的重要依據。後周太祖曾下令：州縣官在任期內，「所有增添戶及租稅，並須分明於曆子、解由內錄都數」〔註19〕。由此表明，親民之官的曆子中，戶口及租稅的增減，乃是常規性的內容。

儘管曆子包含戶口及租稅數額的升降，也與官員的考課相牽涉，但與專門記載官員考課等級的考牒，畢竟有所不同。如果曆子包含考課等級的記錄，勢必與考牒混同，乃至出現選人以曆子等文書取代考牒參選的情況，有紊常

〔註15〕（宋）薛居正：《舊五代史》卷43《唐明宗紀九》，中華書局點校本1976年版，第587頁。

〔註16〕《冊府元龜》卷633《銓選部・條制五》，第7599頁。

〔註17〕《五代會要》卷21《選事下》，第345頁。

〔註18〕《冊府元龜》卷634《銓選部・條制六》，第7607頁。

〔註19〕《冊府元龜》卷634《銓選部・條制六》，第7607頁。

規。雖說後唐莊宗時已經對此明令禁止，但現實中在「解由及曆子內批書考第」的現象時有所見。後唐明宗即位之初，尚書吏部考功司就反映，有些官員在任之時，「州府及本司向來元不曾書校給牒，祇於解由、曆子內，批出考數」〔註20〕。長興二年（931）五月的中書奏章中也說：「選人納到今任文書，多於解由及曆子內批書考第。」〔註21〕所以，中書建議自此以後曆子中不允許再度出現考課等級的內容，從而明確規定了曆子的文書內容，將曆子與考牒嚴格區分開來。

官員離任，在移交完畢所有在任政務後，地方長吏或諸司長官亦須在曆子中「批書」。後周廣順三年（953）五月，針對諸色已出選門州縣官的除官問題，明令：「選期既定，不得依常選人例更理減選，仍須分明批書曆子。」〔註22〕

3. **解由**　是官員罷任時，由各地州府長吏、諸司長官出給的文書。官員任滿，取得解由、曆子，是卸職必經的手續。如後唐長興二年（931）五月，中書奏章就說：「如守官滿日，未給得解繇、曆子等文書，隨處不得便令辭謝。如逐州府輒有邀難，不便出給，罪在本判官并錄事參軍。」〔註23〕後漢隱帝乾祐元年（948）七月，吏部官員的奏章中也說：「諸道州府長吏，如令佐正官月限已滿……須待正授替官，即令對面交割縣務，然後本州使出給解由、批書曆子。」〔註24〕即縣級官員任期滿後，將縣務移交給下任正授官，才能由本州觀察使、團練使、防禦使或刺史出具解由。

各色選人，必須取解由赴集。即便是試攝官，諸如藩鎮署置的州縣官員、朝廷除授的幕職官和朝廷寺監中的吏員，攝職須達到既定的時間，方能經銓選改任，解由仍然是赴選的必具文書。後周顯德六年（959）七月，出於嚴密控制署置試攝官的目的，特別強調：「諸處自前應有攝官，曾經五度者，與一時出身，仍先令所司磨勘。須得親任公事，文書解由分明，每攝須及半年已上，方得充為任數。」〔註25〕

解由，既是官員卸任、交割本任事務後，由各州長吏、諸司長官開具的文書，其中自然記載有罷任年月，這是解由的主要內容之一，所謂「罷秩之

〔註20〕《五代會要》卷15《考功》，第248頁。
〔註21〕《冊府元龜》卷633《銓選部‧條制五》，第7589頁。
〔註22〕《冊府元龜》卷634《銓選部‧條制六》，第7608頁。
〔註23〕《冊府元龜》卷633《銓選部‧條制五》，第7590頁。
〔註24〕《冊府元龜》卷634《銓選部‧條制六》，第7603頁。
〔註25〕《五代會要》卷17《試攝官》，第281頁。

後，即藉解繇、曆子」〔註26〕。另外，州司批給地方官員的解由，又「具初到任所交得戶口，至得替增減數額，分時批鑿」〔註27〕，作為將來赴選和除官的參考。鑒於「外州批上曆子，南曹磨勘解由，空收招到編民，莫見新添稅額」的情形，為杜絕官員利用解由、曆子虛報戶口以減選加階的弊端，後漢時進一步明確規定：「應有令佐招添點簡出戶口據數，須本處戶合徵稅賦物數目，於解由、曆子內，一一開坐批書。」〔註28〕即將戶口與徵收稅賦數額聯繫起來加以考察，以避免官員弄虛作假，並藉此在銓選中逞一己之私。所以，州縣官員的解由中，至此開始包括戶口增減和稅賦徵取的數額，這與曆子有相通之處。其目的仍然在於鼓勵地方官員勤於政事，以勸課農桑為治理之要，從而起到緩解中央財政困境的作用。雖然如此，解由終究不能取代官員的考牒，兩者不可混同。

解由、曆子的批具也有具體的時間限制。後唐長興二年（931），中書的奏章對此即有說明：「此後纔罷任一月內，須批給得解繇、曆子，違過一月，殿一選；過三個月，不批給得者，亦同有過停官。」〔註29〕

4. 考牒　是官員歷次考課等級的記錄。唐制，官員本人在規定時間內向其隸屬的部門和地方官府投狀，注明本人業績，申請對其進行考課，諸司長官和地方長吏據此考覈其屬下功過，擬出初步考評意見，即「考狀」，稱為司考或初考。諸司、諸州考定之後，再結合評議意見，由專人按照規定樣式寫出下屬官員的正式考狀，裝訂成簿，送尚書省總考，皇帝並敕派使臣以校之，稱為校考。考課結束，尚書省將所確定的官員考課等級，以考牒的形式下發給所在部門或地方官府，作為官員銓注或升遷的依據。而不同等級的官員，每一任期都有相應額定的考數，即考限。考限已滿的官員，才能申請參加銓選。五代時期亦大抵沿承此制。

官員在考限內，每隔一段時間即須進行一次考課，每考結果均應有考牒予以記載。即如史載：六品以下官員考第，「逐年書校，申送考解」〔註30〕。五代時，諸司內外文武官九品以上的考課等級分為九等，其相應標準為「四善」「二十七最」；諸司諸流外職掌人等，考課等級則以行、能、功、過分為四

〔註26〕《冊府元龜》卷634《銓選部‧條制六》，第7606頁。
〔註27〕《五代會要》卷19《縣令上》，第315頁。
〔註28〕《冊府元龜》卷636《銓選部‧考課二》，第7637頁。
〔註29〕《冊府元龜》卷633《銓選部‧條制五》，第7589頁。
〔註30〕《五代會要》卷15《考功》，第248頁。

等，照搬的依然是唐代制度。只是在具體內容和考核條件上，小有改動而已，此點集中體現於州縣親民官的考課上。具體來說，無非就是中央政府要求地方長吏將刑獄斷遣、戶口增耗、墾畬升降、賦稅豐殺等內容，詳細記載在有關文書中，作為吏部考課官員的憑據。質言之，評定考課等級的主要根據，是官員在任的具體治績，故考牒實際上是對官員一定時期工作實績的最終評估結果。官員的遷轉與改任，原則上應當與考課的等級掛鉤，如諸司人吏授官，「從來只繫勞考，年滿赴選，方許離司」〔註31〕；縣令的遷轉，更是「但稽課最，即銓司黜陟」〔註32〕。但是，由於五代大部分時期考課制度的執行不能落實，銓司注擬官員採取的主要做法是循資遷轉，而忽視課績優劣，考課制度長期淪為一紙具文，尤其是試攝官的考課常常是有名無實，所以屢屢出現「到司曾無考課，公事尚未諳詳，便求薦論」〔註33〕的情況。一直到後周世宗時期，上述流弊才得到抑制，考課制度逐步走上正軌。

考牒也是選人赴選時必備的文書之一，所謂「凡是選人，皆有資考」〔註34〕。然而，緣於考課制度長期未能認真執行，所以不少州府並未發給官員考牒，官員參加銓選出具考牒的規矩，也就無從遵守。為革除這種弊端，後唐天成元年（926）十月規定：「如在任之時，州府及本司向來元不曾書校給牒，祇於解由、曆子內批出考數者，欲與檢勘，解由、曆子內，不豎過犯，稱在任日並無公事遺闕，證驗分明，亦據在官年月日，給與牒知。如檢勘無憑者，不在給牒之限。」〔註35〕自此伊始，選人參加銓選，必須出具省司下發的考牒。考牒的補發，則務必在南曹接受告敕以前。並且，考牒請求出給的時間限於當年，「如隔年者，不在行使之限。如或實有事故，次年內請給。……如至三年外不請給者，所司不在出給之限」〔註36〕。後周廣順二年（952）的敕文也說：「其省校考牒，如是奏下後滿三年不請給考牒者，宜令考功準先降敕文，不在出給之限。」〔註37〕

以上四種文書，是選人赴選時必須提交給吏部南曹的基本材料。在銓司

〔註31〕《冊府元龜》卷632《銓選部·條制四》，第7579頁。
〔註32〕《冊府元龜》卷632《銓選部·條制四》，第7583頁。
〔註33〕《冊府元龜》卷632《銓選部·條制四》，第7579頁。
〔註34〕《冊府元龜》卷633《銓選部·條制五》，第7586頁。
〔註35〕《五代會要》卷15《考功》，第248頁。
〔註36〕《五代會要》卷15《考功》，第248～249頁。
〔註37〕《五代會要》卷15《考功》，第250頁。

開始銓選工作之前，吏部南曹據此審查選人是否具備參加銓選的資格。對於文書不足的選人，後唐長興二年（931）正月即規定：「此後選人如有解由，及批得曆子無考牒者，殿一選；有批得曆子，無解由、考牒，殿兩選；如祇有解由、考牒，不批得曆子，殿三選。如無前項三件文書，並同有過停官。」〔註38〕此後後晉、後漢、後周各朝，再未就這一問題作出說明，大概沿襲的仍舊是這種辦法。

五代前期仍稟唐制，選人解狀一般在十月份送達尚書都省。如後唐長興三年（932）正月規定：落第舉人「下納文解之時，不在拘以三旬，但十月內到省，並與收受」〔註39〕。所言就是選人交納解狀的時間約定。為提高選任官吏的辦事效率，後晉少帝天福八年（943）六月，將南曹注納選人文解的時間提前到八月一日。〔註40〕後周世宗顯德五年（958）正月的詔書稱：「每年常調選人及諸色求任人，取十一月一日已前到京下納文解及陳乞文狀，委所司依舊例磨勘注授。」〔註41〕結合兩段記載可知，選人解狀交納的時間，自後晉至後周，應該在八月一日至十一月一日期間。不久，又調整為至十月一日結束。超過期限，則不再受理選人解狀。同解狀一併交納的「文狀」還有解由、曆子、考牒等，尚書接納上述文書後，傳給吏部。

三、選人注判階段的三種文書

就前資官員參加銓選而論，前述四種文書，充其量不過是選人赴選資格的憑證，至於選人能否被注判成合格選人，還有賴於告身與告敕的審驗。選人若有文書遺失，則須以頗類似於今日之證明的公憑參選。因此，告身、告敕，或者公憑，同樣是吏部南曹磨勘的重點，其對於選人注判結果有著直接的影響。

1. 告身　是吏部授給官員的一種憑證。五代仍稟唐制，凡任命官員，不論流內、視品及流外，均給以告身。史載：「故事，吏部文武官告身，皆輸朱膠紙軸錢然後給，其品高者則賜之，貧者不能輸錢，往往但得敕牒而無告身。

〔註38〕《五代會要》卷21《選事下》，第340頁。
〔註39〕《冊府元龜》卷633《銓選部‧條制五》，第7591頁。
〔註40〕《冊府元龜》卷634《銓選部‧條制六》，第7601頁。
〔註41〕《五代會要》卷21《選限》，第346頁。按：《冊府元龜》卷634《銓選部‧條制六》記為「十月一日」，第7609頁。此與南曹鎖宿的通常時間不合，當誤，故茲從《五代會要》。

五代之亂，因以為常，官卑者無復給告身，中書但錄其製辭，編為敕甲。」後唐明宗採納劉岳的建議，實行百官皆賜告身的辦法。〔註42〕告身原件保存於甲庫，另以抄件給付官員本人。官員改任、除授新官職，吏部收回舊告身，頒發新告身。

據研究，唐代吏部奏授告身式包括四個部分，開頭是尚書省吏部所擬授官的申奏；其次是門下省有關人員的逐級審讀，御畫「聞」後，由都事受文付吏部的部分；再次是吏部收到批文後，各級官員的署名，告知被授官者「計奏破官如右，符到奉行」；最後是吏部辦事人員署名，簽年月日下發〔註43〕。而在開頭部分，對於官員授官的原因，以及職權大小、等級高低、身份如何、俸祿多少等等情況，均有說明〔註44〕。雖然迄今為止尚未見到五代時期的告身原件及抄件，但由於五代銓選制度脫胎於唐制，原則與框架大體未變，僅在局部方面小有調整，故而五代吏部授予官員的告身格式、內容，從總體上來說應該與唐代差別不大。不過，五代時期選人向銓司交納的告身，還包括其他一些內容。如後唐長興元年（930）五月，針對州縣官的除授，即有如下規定：「仍於告身內豎保官名銜，據本官所通三代，並出身、無出身、歷任告赤、逐任考數。若是本朝及偽朝所授者，只於將來新告身內，一一收豎。」〔註45〕也就是說，選人提供給銓司的告身，需注明保官的名銜、選人三代情況、有無出身、歷任告敕、逐任考數。自此以後，選人提交告身一律照此辦理。

選人在銓試之前，必須向吏部呈送告身。如不納告身，選人照例被駁放，甚至予以重罰。如後唐同光三年（925），南郊行事官、守濮州范縣主簿李範，因不納告身，即遭到終身不齒的處罰。〔註46〕為防止有人利用已亡故官員的告身參加銓選，擾亂三銓除授官員的正常秩序，後唐莊宗朝還特別強調：「應有人身死之處，今後並須申報本州，於告身上批書身死月日，分明付子

〔註42〕（宋）歐陽修：《新五代史》卷55《劉岳傳》，中華書局點校本1974年版，第631～632頁。
〔註43〕〔日〕仁井田陞：《唐令拾遺》公式令十二《奏授告身》，長春出版社1989年版，第495～496頁。另參見陳國燦：《莫高窟北區第47窟新出唐告身文書研究》，《敦煌研究》2001年第3期。
〔註44〕毛原：《從「告身」看唐代官吏的任用制度》，《內蒙古社會科學》1988年第2期。
〔註45〕《五代會要》卷21《選事下》，第338～339頁。
〔註46〕《冊府元龜》卷633《銓選部・條制五》，第7587頁。

孫。」〔註47〕選人失墜告身，允許向吏部申請補辦，吏部官員勘驗敕甲或同敕甲人告身，如屬實，即與重新出給。對於告身的補辦，天成三年（928）正月明文規定：「見有敕甲者，便須注出重給事緣年月日。若不注破，慮恐選人卻將失墜告身參選……。如是引驗同敕甲之人告身出給，佗後卻將失墜文書選時，甲庫又無憑應驗。其同敕甲人告身，欲於後面連黏紙，亦須使印批註，仍牒報南曹，要憑將來簡勘者。」〔註48〕其意圖旨在加強和規範告身的管理，以免出現濫用告身的情形。長興二年（931），又進一步規定：「其失墜告身者，先取本人狀，當授官之日，何人判銓，與何人同官，上任與何人交代，仍勘歷任處州縣。如實，則別取命官三人保明施行。」〔註49〕其程序更加繁瑣細密，且須有 3 名命官作保。

2. **告敕**　「告敕」，或稱「告赤」，其名始見於五代。就文書形式而言，「告敕」淵源於「敕牒」，「敕」則是天子之書之一。敕牒，始於隋唐之際，除授百官，由門下省政事堂草擬文書經中書舍人進奏畫敕字，然後政事堂出牒公布於外，因以為名。告敕，實則是官員的委任狀，所謂「凡命職官，只憑告敕」〔註50〕；「自隋唐以來，除改百官，必有告敕。」〔註51〕官員上任新職，以告敕為憑證，一直到宋代皆是如此，宋人程大昌在《演繁露續集‧到官呈告敕》中就說：「今人初之官，齎告敕呈長官，乃得視事。」

告敕與告身聯繫緊密。史載：「舊制，吏部給告身，先責其人輸朱膠綾軸錢。喪亂以來，貧者但受敕牒，多不取告身。」胡三省注曰：「受敕牒以照驗供職，苟得一時之祿利；告身，無其錢則不及取矣。」〔註52〕據此而論，按照唐代慣例，但凡被授予官職者，皆應取得告身和敕牒（告敕），但無法繳納製作告身費用者，只能領取敕牒，此舉倒也並不妨礙官員履任新職。這也意味著，官員供職均有敕牒，卻不一定有告身。這種情況一直持續到後唐明宗即位之初。

告敕，具有告身中的絕大部分內容，惟獨缺少尚書的申奏，也即中書擬

〔註47〕　《舊五代史》卷 32《唐莊宗紀六》，第 441 頁。

〔註48〕　《冊府元龜》卷 632《銓選部‧條制四》，第 7582 頁。

〔註49〕　（元）馬端臨：《文獻通考》卷 38《選舉十一‧舉官》，中華書局影印本 1986
　　　　　年版，考三五七。

〔註50〕　《冊府元龜》卷 633《銓選部‧條制五》，第 7586 頁。

〔註51〕　（宋）宋敏求：《春明退朝錄》卷下，中華書局點校本 1980 年版，第 47 頁。

〔註52〕　（宋）司馬光：《資治通鑒》卷 275，後唐明宗天成元年十月及胡三省注，中
　　　　　華書局點校本 1956 年版，第 8995 頁。

寫的皇帝授官的製辭，故相對於告身而言稍稍簡略。正因如此，僅僅領取告敕的官員無從得知被除授的原因。關於此點，後唐明宗時的吏部侍郎劉岳曾說：「製辭或任其材能，或褒其功行，或申以訓誡，而受官者既不給告身，皆不知受命之所以然，非王言所以告詔也。」〔註53〕在此之後，官員遍賜告身成為常例。

　　注判之前，選人需將歷任告敕連黏於告身之內，交給吏部南曹審核。而官員每次被選任，都有告敕為憑，官員歷任多少，即相應有多少告敕。告敕無需以舊換新，每任告敕都由官員本人保管。由於現實中有人憑藉私買的告敕赴選求官，有人使用已經去世的選人告敕參選，也有官員將任期內的部分告敕貨賣與人，故而為規範選人告敕的管理，後唐明宗在位期間對此也有專門規定。長興元年（930）三月的敕文稱：「其判成諸色選人黃甲下後，將歷任文書告敕連黏，宜令南曹逐縫使印，都於後面黏紙，具前後歷任文書，都計多少紙數，具年月日判成授某官，懼其分假於人故也。」〔註54〕同年五月，再次重申：「歷任待受新命後都黏連繳尾，具道數委吏部使印背縫，郎官於狀尾押署給付。……如公然拆破印縫，不計與人不與人，將來求事，並令焚毀，其人當行極典。」〔註55〕採取上述措施，無疑能在一定程度上減少利用他人告敕參選的現象。選人身死，家人須向本州申報，錄事參軍在告敕上注明身死月日後，交付子孫。〔註56〕

　　3. 公憑　是五代時期出現的新的文書樣式。這種文書大致有四種形式，其中最為常見的一種，是選人遺失文書的證明。其時因受戰亂影響，選人文書常有遺失，有礙於吏部的注擬授官，為保證銓選的順利進行，地方州府或諸司有必要根據選人申請，為遺失的文書出具證明。如後唐同光二年（924）三月的敕文曾說：「應諸司行事官……如全無文書，稱失墜官告敕，簡敕甲又無證據，只有格式公驗，並諸司、諸州府公憑及試授官文牒，兼文書過格年月深遠者，並落下。」〔註57〕只不過此處所說的「公憑」，明顯是選人在缺乏文書的情形下，要求諸司、諸州府開出的。這也表明，選人遺失文書，向上級申請出給公憑，乃是合乎常規的舉動。為確保公憑的真實、客觀，明宗天成

〔註53〕《新五代史》卷55《劉岳傳》，第632頁。
〔註54〕《冊府元龜》卷633《銓選部・條制五》，第7586頁。
〔註55〕《冊府元龜》卷633《銓選部・條制五》，第7586頁。
〔註56〕《冊府元龜》卷632《銓選部・條制四》，第7579頁。
〔註57〕《冊府元龜》卷632《銓選部・條制四》，第7578頁。

三年（928）五月規定，遺失文書的選人「須於失處州縣投狀，具三代名諱及出身、歷任，請公憑赴京勘會，甲庫同即重與出給」〔註58〕。此處所說公憑，實際上就是選人失墜相關文書之後，向就職的原任所申請開具的證明。選人持此至京城交給甲庫人員核查，如確實無誤，再由相關機構出給證明。這種發給選人遺失文書的證明，仍然稱為公憑。諸司職掌人公憑的出給，則由所司負責，似乎無需再經過吏部。後周廣順元年（951）八月，針對奏補齋郎失墜補牒、優牒而致無法參選的情況，下令：「所司各出給失墜文書公憑，候參選日磨勘，理本官選限外，仍各殿兩選。」〔註59〕吏部南曹在磨勘階段，一旦散失選人文書，也須開具公憑。如後周廣順元年（951）二月，吏部三銓奏：「去年冬，南曹判成選人三百八十一人，經十一月二十二日兵火，散失磨勘了歷任文書，或有送納文書未鈔，及取到南曹失墜公憑，銓司若依格磨勘，恐選人訴論，今欲只據南曹給到失墜公憑，便與施行。」此奏獲准〔註60〕。即將來參選，選人僅憑公憑即可。至於這種公憑的內容因史籍缺載，其具體情形已難確知，但大概應當是甲庫中保存的選人原有文書內容的抄錄，並且依遺失文書而各有不同。

尚需注意的是，這種公憑有時也被稱作「公驗」，特指吏部為選人遺失的告身所寫的證明。後唐天成三年（928）正月，吏部格式司就告身補辦問題上奏，說到：「如是偽朝授官，勘簡不虛，即與出給公驗，便同告身例處分者。」並且，公驗上要求注明「選人出身歷任行止」，甲庫中存有備份，以作將來查驗證明。〔註61〕次年九月，中書門下上言：「應合差行事官，但是前資並及第黃衣及三司徵科勒留官充，仍逐司寺監先引驗歷任告身，分明則得差補。若失墜文書，則須得本處當時公驗，不得憑諸處所給憑繇。」〔註62〕也即告身是吏部差補行事官時必須審驗的文書，倘若遺失，官員務必及時向吏部官員申請出具公驗。公驗的性質與告身無異，遺失告身的選人，憑公驗即可參選。

公憑的第二種形式，是州府長官為州縣官開具的證明，內容為審理冤屈案件，使被錯判成死刑者得以昭雪的記錄。後唐長興四年（933）五月的中書奏章，提到此前的敕命時說：「冤獄者，所司推鞫，定罪不平，迴曲作直，已成案

〔註58〕《五代會要》卷 21《選事下》，第 339 頁。
〔註59〕《冊府元龜》卷 634《銓選部·條制六》，第 7606 頁。
〔註60〕《冊府元龜》卷 634《銓選部·條制六》，第 7605 頁。
〔註61〕《冊府元龜》卷 632《銓選部·條制四》，第 7582 頁。
〔註62〕《冊府元龜》卷 632《銓選部·條制四》，第 7584 頁。

牘。或經長史慮問，或是家人訴冤，重結推訊，始見情實，迴死為生，始名雪冤。仍須元推官典招伏情罪，本處簡案牘事節，給與公憑，更於考牒內覽出。候本官滿日，便准近敕非時參選。」〔註63〕可見，州縣官在任期內如能洗雪冤獄，回死為生，地方長官覆審屬實，應當向承辦案件的官員發給公憑，這也是地方官員治績的重要方面，考牒中應予記載。任期已滿，選人持公憑至刑部投狀，如事實確鑿、證據分明，刑部授予官員優牒。銓司注擬有此優牒的選人時，按照相關規定給予選人減選或超資注官的優待。後晉開運二年（945）正月，刑部侍郎趙遠的奏章中，再次提到這個問題：「宜令諸道州府，凡有雪活冤獄州縣官等，依元敕點，簡給付公憑，本官自齎赴刑部投狀，委刑部據狀，近取本道雪活公案參驗，如事理合得元敕，便仰給付優牒。」由於有些官員在結案後的五年甚至十年才向刑部申請追尋文案，請求授給優牒，致使刑部的正常工作受到干擾，「於事難明，於理未當」，所以，又建議：「應關諸道州縣官員，雪活冤獄不虛，委逐處長吏抄略指實，按節先具奏聞，所付本人憑由，官滿到京，便於刑部投狀，不得隔越年歲，方可論訴功勞。」〔註64〕此奏被採納。

公憑的第三種形式，是相關機構發給官員的減選證明。鑒於諸道馬步判官等大多是藩鎮奏薦的攝官，為限制藩鎮對地方的掌控，後晉天福二年（937）九月，吏部銓司官員主張宜以「明練公法，性行端正」的前資正官予以取代，而且「滿二週年後，無遺闕者，與減三選，仍委本道州府一例給與公憑。如只欠三選已下者，仍便給與文解赴選」。此前有前資正官充馬步判官者，也適用此項辦法。至於「所有諸道州府，應今日已前已差攝試官充馬步判官勾當，已及三年無遺闕者，亦宜令本州府給與公憑，仍便申奏。更四年後，給與文解赴選，比擬初官。其今日已前，攝試官見充職有過一周年者，宜令待滿二年日，准上處分。如未及一周年者，宜令逐道州府敕到後，便差別前資正官停替，不在給與公憑者」〔註65〕。這是對諸道馬步判官減選的處理辦法。參與郊天大禮、宗廟祭祀的行事官，也通常性地享受減選的等遇，如後漢隱帝乾祐二年（949）正月，對於祭祀宗廟的諸司職掌人和州縣官的減選，規定：「若別無違礙，欠三選已上者，給與減選公憑。」〔註66〕

〔註63〕《冊府元龜》卷633《銓選部·條制五》，第7593頁。
〔註64〕《冊府元龜》卷634《銓選部·條制六》，第7601頁。
〔註65〕《冊府元龜》卷633《銓選部·條制五》，第7598～7599頁。
〔註66〕《冊府元龜》卷634《銓選部·條制六》，第7603頁。

　　公憑的第四種形式，是選人交納告身等反映歷任的文書後，吏部南曹向選人開出的收據。後唐長興元年（930）五月的詔書就說：「應見任前資守選官等，所有本朝及梁朝出身歷任告身，並仰送納，委所在磨勘，換給公憑。」〔註67〕同年十月的敕文重申：「先條流見任州縣官及前資守選官，所有歷任文書，委所司點勘，無違礙，則准前收豎，給與公憑，任將來參選者。訪聞諸色選人，有今年合格者，因請公憑久淹京闕。……選人今年合格，已請得公憑者，宜令吏部南曹准今冬選人例簡勘施行。」〔註68〕次年正月，吏部南曹的奏章也稱：「前齊州臨邑縣令趙諲等十人，納到歷任文書，合給公憑。」〔註69〕這種公憑以綾紙書寫，尚書侍郎簽署後，發給選人。

　　上述四種形式，是公憑的不同表現形態，儘管內容各有不同，但其實都是官方出具的證明，這些也無一例外地屬於選人文書的範疇，只不過各自承擔的功能稍有區別而已，對於選人在銓選相關環節的影響也有差異。

　　在收齊前述數種選人文書之後，吏部員外郎即入住南曹之內，與外界隔絕，進入「鎖宿」磨勘階段，其主要任務是勘驗選人文書的書寫有無粟錯、是否合於樣式、真偽情況如何，重點則在於出身、履歷及課績等諸項的審查。南曹的磨勘與廢置司的詳斷工作同步進行，南曹在校驗覆核上述文書的基礎上，將因文書出錯或明顯作偽，擬被駁放的選人交廢置司審查定奪。這種選人的資格審查，大約持續一個月左右。十月末開宿後，南曹將所有的判成選人向三銓、門下省申報，交由銓司銓選。

　　行文至此，需要稍加說明的是，及第舉子參加銓選，在文書上亦有要求。這類人需通過吏部員外郎主持的關試，合格者接受吏部發放的「春關」，才能正式成為吏部選人。春關是從禮部舉人轉換為吏部選人的憑證，究其實是及第舉子的出身證明，是及第者參加銓選的重要文件，故而也是一種選人文書。對於新及第舉子而言，因赴省試之時，已繳納解狀、家狀、保狀，且無入仕經歷，沒有上述眾多的文書，故在取得春關後，即已成為合格選人，守選已滿者即可直接進入銓司的引驗程序。由於「春關」僅存在於新及第舉子這一特殊人群中，並不見於一般選人文書，因此，從選人文書的總體範圍著眼，本文未將春關單獨列目，予以探討，僅於此處稍做介紹。至於家狀、保狀的內

〔註67〕《舊五代史》卷42《唐明宗紀八》，第578～579頁。
〔註68〕《冊府元龜》卷633《銓選部‧條制五》，第7588頁。
〔註69〕《冊府元龜》卷633《銓選部‧條制五》，第7588頁。

容，則是下文所要解答的問題。

四、選人引驗階段的兩種文書

　　銓司接手吏部南曹移交的工作之後，隨之而來的任務就是銓試合格選人，但這一步驟實施的前奏，仍然是對選人文書的審核。後唐天成二年（927）十二月的規定即說：「應南曹判成人等，仰三銓各據逐人出身、入仕文書，一一比驗年貌，灼然不謬，方與注官。」〔註 70〕由此可見，選人文書與年貌「灼然不謬」，三銓方能進入銓試、注擬階段。銓試之前的引驗階段，銓司勘核的選人文書有家狀和保狀兩種。

　　1. 家狀　是記錄選人郡縣鄉里名籍、父祖官名、內外族姻、年齒形式的家庭證明。為甄別選人真偽，後唐天成三年（928）十二月下敕，將家狀納入選人檔案，即如史載：「選門官吏，訛濫者多。自今後並令各錄三代家狀、鄉里骨肉、在朝親情，先於曹印署，納吏部、中書、門下，三庫各一本。候得判印狀，即許所司給付。」〔註 71〕據此可知，銓司在收納記載選人家庭情況的家狀後，署印完畢，還要抄錄三份副件，送至三庫保留，以作將來勘驗，並將原件給付選人。但家狀之中鄉里籍貫的填寫，仍然不乏弄虛作假者，後唐長興年間中書又專門對此提出意見，並建議據實而書，所謂「諸色選人，或有元通家狀，不實鄉里名號，將來赴選者，並令改正，一一豎本貫屬鄉縣」〔註 72〕。

　　唐制，符合銓選條件的選人，如在丁憂期內，參選受到一定限制。後唐天成元年（926）十二月，中書門下的奏章就說：「據《長定格》，選人中有隱憂者，殿五選。」為弘揚孝道，尊貴人倫，後唐明宗時又特別強調：「自今後諸色官員內，有隱冒憂勞者，勘責不虛，終身不齒，所有入仕已來告敕，並封付所司焚毀。」〔註 73〕處罰不可謂不重。然而面對官爵俸祿的誘惑，干進之徒不顧廉恥、隱瞞丁憂事實以僥倖求仕的舉動，仍然屢見不鮮。有鑑於此，後周廣順二年（952）十一月，明令：「應內外職官及選人等，今後有父母、祖父母亡沒，未經遷葬，其主家之長不得輒求仕進，所由司亦不得申舉解送。如是卑幼在下者，不在此限。其合赴舉選者，或是葬事禮畢，或是卑幼在下，

〔註 70〕《冊府元龜》卷 632《銓選部‧條制四》，第 7582 頁。
〔註 71〕《冊府元龜》卷 632《銓選部‧條制四》，第 7583～7584 頁。
〔註 72〕《冊府元龜》卷 633《銓選部‧條制五》，第 7588 頁。
〔註 73〕《冊府元龜》卷 632《銓選部‧條制四》，第 7582 頁。

勒於所納家狀內具言，不得罔冒。宜令御史臺及逐處長吏、本司長官所由司覺察申舉。」〔註74〕可見，自此之後，家狀之中除有上述常規性內容之外，還有父母、祖父母「葬事禮畢」，或者「卑幼在下」等項。這些情況，選人須在家狀中明確予以記載，不得刻意隱瞞，御史臺等部門和相關官員也有據實呈報和糾舉的責任。這種措施，使家狀的內容更見充實，也能有效制止那些不守禮節安葬亡歿父母、祖父母，又無「卑幼在下」的選人，舉選求官。

仍需提及的是，由於舉子參加省試時，已納家狀，其內容當然也是家庭證明，如若及第，家狀自是不必重新提供，只需從禮部移交至吏部即可。事實上，即便是落第舉子日後赴考，也無需再次交納家狀。長興三年（932）正月即規定：「今年落第舉人，所司已納家狀者，次年便赴所司就試，並免再取文解。」〔註75〕此點與前資選人家狀的交納，明顯不同。

2. 保狀　保狀也有兩種形式。其一是參加當年銓選的選人，相互間作保的文書。同保之中，往往不乏偽濫選人，後梁一朝和後唐莊宗即位之初，尤其如此。為澄汰這類魚目混珠者，相互結保的選人也被要求做到彼此知根知底，如有冒名濫進者，則鼓勵同保之人予以揭發；若是相互包庇，一經舉報，則同保之人俱被駁放。如後唐莊宗同光二年（924）九月，郭崇韜奏稱：「如同保人知保內有冒名濫進之謀，亦許陳首。若遞相蓋藏，被別人論告，並當駁放。」〔註76〕執行這種措施，無疑能提高保狀的可信度，一定程度上能確保選人身份的真實可靠。其時，還實行「保內一人不來，五保即須並廢」〔註77〕的辦法。照此來看，這種保狀由 5 名選人聯合簽訂。

其二是認識、熟悉選人的京官出具的作保文書。唐銓選之制，文武選人須以京官 5 人為保，1 人為識，寫出擔保文書，銓注之前須向吏部或兵部投送。五代時，保官為 3 人，這與磨勘、引驗所需保官人數相同。後唐長興元年（930）五月的敕文稱：「應除授州縣官，引見磨勘，須召命官三員為保，然後奏擬。」〔註78〕次年四月，緣於甲庫中保存的選人文書在戰火中多遭焚毀或因故散佚，銓選官員往往無從查驗及第舉子的春闈和有前資的選人文書，銓選工作因此而受阻，故規定：「其失墜春闈冬集者，宜令所司取本人狀，當

〔註74〕《冊府元龜》卷 634《銓選部・條制六》，第 7607 頁。
〔註75〕《冊府元龜》卷 633《銓選部・條制五》，第 7591 頁。
〔註76〕《冊府元龜》卷 632《銓選部・條制四》，第 7579 頁。
〔註77〕《舊五代史》卷 148《選舉志》，第 1982 頁。
〔註78〕《五代會要》卷 21《選事下》，第 338 頁。

及第之時，何人知舉，同年及第人數幾何，如實即更勘本貫得同舉否。授官者，亦先取狀，當授官之時，何人判銓，與何人同官，上任、罷任何人交代，仍勘歷任處州縣，如實則別取有官三人保明施行。」〔註79〕也就是說，選人先向吏部投狀，陳述參加貢舉或授官的詳細情況，吏部於本貫或歷任處州縣調查，核實無誤，另以 3 名現任官員作保，寫出保狀，嗣後選人在三引階段，向銓司投送。這種保狀必須加蓋京城保官所屬官署的印章。

按照規定，選人每次赴選，都需在注判之後向銓司交納家狀、保狀。五代前期，家狀、保狀交納的時間是在南曹開宿之後，也即十一月份。銓司根據南曹申報材料張榜通知判成選人交納家狀、保狀和試判紙，三者各為一榜，名曰「三度榜」。大約到十二月上旬，三度榜交齊，於是在十二月二十二日進入鎖銓引驗階段。鎖銓與鎖宿相類似，即銓司具體辦事人員宿於銓內，以防與選人交通。後周世宗顯德五年（958）閏七月，將銓選的時限調整為每年十月一日開始，至十二月上旬結束，所注授的新官則須於次年二月末到任。與之相應的是，選人家狀提交的時間也有所提前，銓司在南曹鎖宿期間即可榜示選人呈遞家狀、保狀等，即如史載：「今後纔南曹鎖宿後，先榜示選人預納家狀，其合保文狀，使職官司使印，限開曹後兩日內赴銓送納，須得齊足，如限內不納到家狀、保狀、試紙名，便具姓名落下，不在續納之限」〔註80〕。由於南曹開宿通常是在十月份的最後一天，故選人呈上家狀、保狀、試判紙的時間，據此應當在十一月的最初兩天。十一月二十二日，銓司鎖銓引驗，較之此前提前了整整一個月。

銓司的引驗，是指銓司依據選人文狀中的「年齒形貌」，參照告敕所載，以驗明正身，防止假冒者濫竽充數。引驗通常持續 9 天，每 3 天點名 1 次，共 3 次，故稱「三引」。如 3 次點名，選人不到，即予駁落。相互間結具保狀的選人，在銓司「三引」結束當天，還須持由 3 名命官擔保的保狀前往銓司合保，縣令、錄事參軍等選人還需重新引驗合保。所謂「合保」，應該就是同保選人聚齊保狀，以便銓司勘察。後周世宗顯德五年（958），根據吏部流內銓官員的建議，將原來三引的時限改為 3 天，合保的時間則延遲至三引的次日，並重申「限內不到者，便據姓名落下」〔註81〕。引驗是銓司銓選前的最

〔註79〕《冊府元龜》卷 633《銓選部·條制五》，第 7589 頁。
〔註80〕《冊府元龜》卷 634《銓選部·條制六》，第 7610 頁。
〔註81〕《冊府元龜》卷 634《銓選部·條制六》，第 7610 頁。

後一項程序，此項工作結束，銓司就可將合格選人申報中書門下請求銓選了。銓選的大致經過為：「凡選，始集而試，觀其書、判；已試而銓，察其身、言；已銓而注，詢其便利，而擬其官。」〔註82〕即試、銓、注、擬四個階段。這些內容已超出本題探討範圍之列，無須贅語。

五、結語

綜觀前述，五代吏部選人在銓選之前的赴選、注判、引驗階段，所需提交的文書通常有解狀、曆子、解由、考牒、告身、告敕、家狀、保狀等八種，如有文書失墜，則須以公憑參選（公憑依其形式不同，還有其他用途）。藉此而論，此一時期吏部選人文書共有九種形式。從銓試之前的過程來看，各種文書有著不同的作用，無可替代。其中，解狀、曆子、解由、考牒四種，是選人參選資格的憑信；而告身、告敕、公憑三種，是選人成為合格選人的依據；家狀、保狀，則是選人正身引驗的參照。選人進入銓試、注擬程序之前的每一環節，都與上述選人文書的審驗密切相關，任何一個環節一旦發現文書差錯或作偽，選人即被剝奪進入下一輪的資格，改任或遷轉的指望也隨之落空；只有那些通過所有環節文書審核的選人，才能參加由銓司主持的銓選，乃至被注官、擬官和任命。因此，細究其實，銓選是立足於選人文書的勘驗而開展的選任官吏的工作，選人文書是銓選的基石與平臺。此點在五代時期表現得尤為充分、鮮明。其原因則在於，五代社會局勢長期動盪不安，銓選秩序處於失範至重建的關口，選人假冒偽濫現象成風。為有效裁汰不合格選人，制止假冒偽劣者趁混水摸魚，以假亂真，以劣充優，保證合格選人的舉選授官，使銓選步入正常化、規範性的道路上來，加大對選人文書的審核，就成為銓選工作的重要事務之一。與之相應的是，選人文書的種類隨之大幅度增加，其內容所涵攝的選人信息也更加全面、細緻、詳盡。通觀整個五代的歷史進程，至遲自後唐立國之後，各朝均對於選人文書的真偽莫辨，採取過種種措施進行整頓和防範，選人文書制度也逐步得以規範和確立；從吏部選人文書的種類與內容予以考察，至後周世宗時期，這一制度大致已趨定型，假冒文書、選人偽濫的現象也呈現日漸減少的跡象。這時已是五代末期，距北宋建立已為時不遠。

〔註82〕《通典》卷15《選舉三·歷代制下》，第360頁。

　　本文行將結束之際，仍有必要敷衍數語。這是因為，以上所論，通篇所及還僅僅是著眼於選人自身所保管或應提交的文書種類與內容，尚未涉及尚書、中書、門下三庫（甲庫）等中央政府部門所保存的選人文書。其實，三庫收藏著數量極其龐大的選人文書，即「三庫甲曆」，諸如考牒、告身、告敕、公憑的原件，皆在其中。吏部南曹或銓司官員審查選人文書的重要事項之一，即是將其與三庫所藏原件一一比照，用於判斷選人投送的文書有無作偽，據此確定留放人選，決定選人是否能進入下一輪程序。勿庸諱言，這一問題也是本題的應有之義，確有必要加以敘述。但考慮到三庫甲曆所包含的選人文書種類與內容，與選人提交給銓司的文書並無不同，而這些在文中已全然有所論述，倘若另起段落再加鋪陳，不惟有徒增篇幅、於事無補之缺，反倒有虛炫賣弄、狗尾續貂之嫌，是故僅於篇末贅述幾句。如此處置，容或不妥，懇祈博雅君子深察為幸。本篇亦就此打住。

原刊於韓國《亞洲研究》第 11 輯，2011 年 5 月

五代十國時期的募兵制

　　春秋戰國時期，募兵即已出現，〔註1〕其後歷代有之，但募兵正式成為一以貫之、召集士伍的主要手段，則濫觴於李唐王朝。唐前期雖仍沿用府兵制，募兵卻依然存在，其時召募來的士兵，尚需「自備一年資糧」，也有「義徵」之舉。募集入營的兵士，服役期限起初為一年，其後漸有三年、兩年不等的規定。不過，由於其時募集者可賜勳，而賜勳又與授田相關，故應募之人甚多，募兵猶能推行。但至玄宗朝以前，募兵中的賜勳制度難以為繼，募兵的兵源相應萎縮。在府兵制名存實亡後，禁軍和地方軍的士卒大多仰賴募兵的方式而籌集。而此時的募兵較之唐前期已判然有別，所募之兵皆以從軍為職業，由國家供給資糧和武器裝備，其家亦有優給，終身服役，直至年老退役為止。兩稅法的頒行，宣告均田制的壽終正寢，被斬斷經濟基礎的府兵制終告弛廢，募兵制遂取而代之，義務兵役制由此而轉變為職業雇傭兵制。

　　募兵制採用召募方式集結兵員。唐末五代，戰事頻仍，各軍事集團的兵員損耗極其普遍，為取得戰場上的優勢，盡力擴充麾下軍隊士卒的數量，中央政府、各地節度使和各割據政權的統治者無不絞盡腦汁千方百計羅致士伍，而兵員的補充即主要通過召募而來。這一時期以召募方式而籌集兵員的事例，在史籍中隨處可見。如馬殷，「少為木工，及蔡賊秦宗權作亂，始應募從軍」〔註2〕。唐僖宗中和末年，氏叔琮「應募為騎軍，初隸於龐師古為伍長。叔琮

〔註1〕　參見耿敬：《募兵的產生及秦漢時期募兵的初步發展》，《軍事歷史研究》1997
　　　　年第3期。
〔註2〕　（宋）薛居正等：《舊五代史》卷133《馬殷傳》，中華書局點校本1976年版，
　　　　第1756頁。

壯勇沉毅，膽力過人」〔註3〕。唐末，華溫琪「聞濮州刺史朱裕募士為兵，乃往依之」〔註4〕。由此不難窺知，此一時期召募的盛行與普遍。

關於唐代募兵制，學界已有專門論述，其特點主要表現為募須資財、募有條件、募係自願、募無地區限制等方面；〔註5〕其制度設置框架則是自願應募、兵士家屬隨軍、身糧醬菜、諸種賞賜、揀放與優恤等。〔註6〕五代十國的募兵制基本承襲了上述內容，而在干戈不斷的頻繁軍事鬥爭形勢下，募主更為重視入募者的體格，並創置出招刺之法，此兩點均為宋代兵制保留。鑒於此一時期的募兵制，是唐宋兵制演進中的過渡階段，值得予以梳理和探究。筆者不避譾陋，即此成文，不妥之處，敬希方家賜正。

一、召募之原則

募兵制所實施的召募，已褪去強徵的色彩，而是由國家和各級軍事首腦以錢糧作為後盾，雇募人手充當士兵，並提供在營為兵時的衣糧、作戰所需武器裝備等。五代十國的召募，承唐中後期制度之餘烈，亦恪守下述原則。

1. **雇募、投募悉從自願**　募兵制下的召募奉行自願原則，募與被募均服從於主觀意願。對於募主而言，在其兵員不足，需壯大自身實力之時，自當實行召募舉措；投募一方，出於種種動機，入營當兵，也是緣於個人的自由選擇，並非盲目、被動的行為。唐中後期以來已然如此，五代十國時期沿而未改。史載：高季興，「幼好武而有膽氣。乾符末，所在寇賊競起，時梁祖為元帥，專征伐，潛有飛揚跋扈之志，思得義勇者與之同力。時季興潛察之，乃謁梁祖於郊，梁祖見之悅，尋拔為制勝軍使。」〔註7〕據此，季興幼年時即尚

〔註3〕　《舊五代史》卷19《氏叔琮傳》，第255頁。
〔註4〕　（宋）歐陽修：《新五代史》卷47《華溫琪傳》，中華書局點校本1974年版，第519頁。
〔註5〕　參見楊鴻年：《唐募兵制度》，《中國史研究》1985年第3期。
〔註6〕　參見方積六：《關於唐代募兵制度的探討》，《中國史研究》1988年第3期。
〔註7〕　（宋）周羽翀：《三楚新錄》卷3，五代史書彙編本，第10冊，杭州出版社點校本2004年版，第6327頁。按：關於高季興投軍另有不同說法，《舊五代史》卷133《高季興傳》載，高季興早年為汴州商人李七郎（一說為李讓）家奴，李七郎因獻貢軍資財而被朱全忠收為養子，更名友讓。季興「耳面稍異」，朱全忠乃令朱友讓「養之為子」。第1751頁。《新五代史》卷69《南平世家》所述文字不同，但內容大致同此，第855頁。（清）吳任臣：《十國春秋》卷100《荊南一・武信王世家》則糅合以上三書，敘述季興早年事蹟。中華書局點校本1983年版，第1427頁。茲從《三楚新錄》。

武好勇，其從軍乃緣於朱全忠為壯大勢力而召募勇士之時，自願投奔。既為自願，募與被募就不存在強制與被迫的關係。關於此點，史籍中亦有反映。如吳越王錢弘佐擬出兵以援福州，「先是募兵，久無應者，弘佐命糾之，曰：『糾而為兵者，糧賜減半。』明日，應募者雲集」〔註8〕。源於募兵之舉無人應募，難於補充兵員，錢弘佐改以強徵的方式進行脅迫，並且告之「糧賜減半」，終致「應募者雲集」。由此可見，推行召募之策，應募方是否願意從軍，無須顧慮外來壓力、強權的因素，完全取決於個人抉擇。而真正促使應募者入營的關鍵，實繫於糧賜的多寡。

2. 以貲為募　召募兵員之時，募主與投募者實則是一種雙向選擇的關係，募主能吸引應募者自願投奔、樂於效力的前提即是資財，兩者最初的結合，所依憑的紐帶正在於此。依靠掌握的財富，以優厚的待遇、高額的賞金作為誘餌，吸納民眾為兵，是唐末五代藩鎮經常採取的措施。如王建，「秦宗權據蔡州，懸重賞以募之，建始自行間得補軍候」〔註9〕。唐昭宗天復年間，河東李克用在致宣武朱全忠的信中也說：「今僕散積財而募勇輩，輦寶貨以誘義戎，徵其密親，啗以美利，控弦跨馬，寧有數乎。」〔註10〕梁、晉易代之際，潞州留後李繼韜「南結梁朝，據城阻命，乃散金以募豪傑」。時年十八的郭威「遂往應募」〔註11〕。後漢末年，北京留守劉崇「招募亡命，繕完兵甲，為自全之計，朝廷命令，多不稟行，徵斂一方，略無虛日，人甚苦之」〔註12〕。這些都是藩鎮以資財作為後盾籌集兵員的例子。南方割據政權中，也有以財募兵的情況。如福州朱文進「聞黃紹頗死，大懼，以重賞募兵二萬」〔註13〕。

3. 體格壯碩者優先　在募兵制下入營為兵者，尚須具備一定的條件，材力超群、勇敢善鬥之人往往成為募主的首選。如楊行密，「為人長大有力，能手舉百斤」。「後應募為州兵，戍朔方，遷隊長」〔註14〕。孫彥韜，「少以勇力應募從軍。梁祖之兼領四鎮，擢彥韜於行間，歷諸軍偏校」〔註15〕。常思，

〔註8〕 （宋）司馬光：《資治通鑒》卷285，後晉齊王開運三年十月，中華書局點校
　　　　本1956年版，第9313頁。
〔註9〕 《舊五代史》卷136《王建傳》，第1815頁。
〔註10〕 《舊五代史》卷60《李襲吉傳》，第803頁。
〔註11〕 《舊五代史》卷110《周太祖紀一》，第1448頁。
〔註12〕 《舊五代史》卷135《劉崇傳》，第1811頁。
〔註13〕 《資治通鑒》卷284，後晉齊王開運元年十二月，第9278頁。
〔註14〕 《新五代史》卷61《吳世家》，第747頁。
〔註15〕 《舊五代史》卷94《孫彥韜傳》，第1254頁。

在晉王李存勗「廣募勝兵」之時,「以趫悍應募,累從戎役,後為長直都校,歷捧聖軍使」〔註16〕。王清,「少以勇力端厚稱於鄉里。後唐明宗領行臺,置步直軍,清預其募,漸升為小校」〔註17〕。郭威,在梁、晉易代之際,恰逢「潞州留後李繼韜募勇敢士為軍卒,威年十八,以勇力應募」〔註18〕。趙鳳,「既長,凶豪多力,以殺人暴掠為事,吏不能禁。安重榮鎮常山,招聚叛亡,鳳乃應募」〔註19〕。上述諸人,能在召募時順利進入軍營,與自身身體素質的出眾、身手的矯捷有著必然的聯繫。至後周世宗時期,為加強禁軍的戰鬥力,形成禁軍對地方軍的絕對優勢,勇猛、強悍被確定為應募者入選禁衛必須具備的前提條件。顯德元年(954)二月,「詔諸道募山林亡命之徒有勇力者,送於闕下,仍目之為強人。帝以趫捷勇猛之士,多出於群盜中,故令所在招納,有應命者,即貸其罪,以禁衛處之」〔註20〕。

　　4. 兵源無分地域　募兵制所籌集的兵員,也無地域上的限制。如宣武節度使朱全忠為抵禦秦宗權進攻,於唐僖宗光啟三年(887)二月,「以朱珍為淄州刺史,俾募兵於東道」,「珍既至淄、棣,旬日之內,應募者萬餘人」〔註21〕。而「淄州本平盧巡屬,全忠欲募兵於東方,輒以刺史授珍」〔註22〕。淄州、棣州本係平盧王敬武管區,而非宣武鎮地盤,朱全忠任命朱珍為淄州刺史赴轄區之外召集兵員,可見募兵不受地域的限制。同年四月,「全忠又使牙將新野郭言募兵於河陽、陝、虢,得萬餘人而還」〔註23〕。這次募兵的地區依然不是宣武鎮轄境。五代十國時期,類似的事例儘管並不多見,但募兵時不再顧及兵員所在地的做法,應該不會被摒棄。

　　5. 家屬隨營　募兵制下的兵員,不僅以當兵的方式解決個人生計問題,還將此作為養家糊口的職業,由此形成一人當兵而家屬隨營的狀況。天祐三年(906)正月,朱溫、羅紹威合謀剷除魏博牙兵,「紹威夜以奴兵數百,會(馬)嗣勳兵擊牙軍,并其家屬盡殺之」〔註24〕。正是由於魏博牙軍的家屬,

〔註16〕《舊五代史》卷129《常思傳》,第1697頁。
〔註17〕《舊五代史》卷95《王清傳》,第1261頁。
〔註18〕《新五代史》卷11《周本紀》,第109頁。
〔註19〕《舊五代史》卷129《趙鳳傳》,第1704頁。
〔註20〕《舊五代史》卷114《周世宗紀一》,第1511頁。
〔註21〕《舊五代史》卷1《梁太祖紀一》,第7頁。
〔註22〕《資治通鑑》卷256,唐僖宗光啟三年二月胡三省注,第8344頁。
〔註23〕《資治通鑑》卷257,唐僖宗光啟三年四月,第8351頁。
〔註24〕《新五代史》卷39《羅紹威傳》,第417頁。

也與牙軍一樣共同駐紮於魏州城內，為防止牙軍家屬報復，故而羅紹威能在誅殺牙軍的同時，一併殺盡其家屬。五代十國時期，家屬隨軍也是常制。後唐同光元年（923）九月，為與後梁放手一搏，直接進攻大梁，莊宗「下令軍中將士家屬並令歸鄴」〔註25〕。將家屬送歸鄴都，乃因戰事所需，據此也可看出，將士家屬平時隨軍已是事實。天成二年（927），明宗下令誅殺盧臺叛亂的奉節軍，特別強調：「在營家口骨肉，並可全家處斬。」〔註26〕這就說明，奉節軍的家口骨肉也居住在軍營。同年十月，「明宗幸汴州，六軍家屬自洛遷汴，而明宗又欲幸鄴都，軍士愁怨」〔註27〕。家屬隨御駕往來道路，飽受風塵之苦、奔波之勞，軍士當然愁苦不堪。閔帝應順元年（934）四月，潞王李從珂叛於鳳翔，時任陝州節度使的康思立有捧聖、羽林屯兵1500人，派遣王思同率羽林軍千人平叛，不料這支部隊陣前倒戈，康思立聞訊，「欲盡誅羽林千人家屬」〔註28〕。可知，這支羽林軍的家屬也住在軍營內。類似這樣的例子，不勝枚舉，但都反映出家屬隨軍的確已成為平常之事。而造成這種情形的原因則在於兵農的分離，當兵已經成為一種職業。兵士的主體來自於破產的農民，入伍為兵者大多是小農家庭內部的壯勞動力，這部分人一旦成為士卒，其家屬在鄉里也很難生存，於是，背井離鄉、隨軍居住往往就是軍士家屬的不二選擇。所以，史籍中有關隨軍家屬的記載才會比比皆是。

二、召募之實施

上述原則僅是實施召募的一定之規，召募的具體落實與推行仍有若干環節與程序，包括召募的發起、入營手續、士兵的贍養等等，無一不與召募密切相關。

1. **募主之來源** 募兵權為中央政府所掌握，地方軍政長官僅能在州兵數額不足定數時，有權召募士卒，補足兵員；如若需要在常數之外增置士兵，則須報請中央政府同意。如後唐清泰元年（934），鄭州巡檢使安重榮奏請「召募騎軍五千人，自出鎧馬」〔註29〕。此奏獲准。後晉開運末年，河東節度使

〔註25〕《舊五代史》卷29《唐莊宗紀三》，第408頁。
〔註26〕《舊五代史》卷38《唐明宗紀四》，第522頁。
〔註27〕《新五代史》卷54《鄭珏傳》，第620頁。
〔註28〕《新五代史》卷27《康思立傳》，第295頁。
〔註29〕（宋）王欽若等：《冊府元龜》卷413《將帥部·召募》，中華書局影印本1960年版，第4918頁。

劉知遠「知延廣必致寇，而畏其方用事，不敢言，但益募兵，奏置興捷、武節等十餘軍以備契丹」〔註30〕。劉知遠以抵禦契丹為名，大肆募兵，組建十餘支部隊，也是經過後晉政府批准後才採取的行動。鑒於靈武形勢不寧，邊患嚴重，馮暉請求出鎮靈武，上奏：「今朝廷多事，必不能以兵援臣，願得自募兵以為衛。」〔註31〕於是，募兵千餘人。再如後漢乾祐元年（948）八月，劉崇「表募兵四指揮，自是選募勇士，招納亡命，繕甲兵，實府庫，罷上供財賦，皆以備契丹為名」〔註32〕。後周世宗時，張藏英「請於深州李晏口置砦，及誘境上亡命者以隸軍，願為主將，得便宜討擊。世宗悉從之。以為緣邊招收都指揮使，賜名馬、金帶。藏英遂築城李晏口，累月，募得勁兵數千人」〔註33〕。這些事例均表明，募兵的大權通常被中央政府所控制，地方將帥的募兵權極為有限。

然而，地方將帥出於種種考慮，亦常常私自募兵。唐末，劉仁恭任景城令，「屬瀛州軍亂，殺郡守，仁恭募白丁千人討平之」〔註34〕。這是出於平亂需要而臨時召募的軍隊。劉仁恭，「既絕於晉，恒懼討伐，募兵練眾，常無虛月」〔註35〕。天祐九年（912），晉將周德威攻圍幽州，「（劉）守光困蹙，令（元）行欽於山北募兵，以應契丹」〔註36〕。劉守光大舉募兵於山北，以接應契丹，其目的則在於抵禦河東的軍事進攻。梁、唐易代之際，潞州昭義軍留後李繼韜被誅，其子李繼達舉兵為亂，「節度副使李繼珂募市人千餘攻繼達」〔註37〕。這也是基於平定亂軍的需要而臨時召募軍隊之舉。後晉高祖天福年間，「（溫）延沼與其弟延濬、延袞募不逞之徒千人，期以攻許」〔註38〕。溫氏兄弟召募不逞之徒組成軍隊，進攻許州，以呼應范延光的反叛，這又是一例私自募兵的記載。楚國馬希崇萌亂篡位，計劃擒殺馬希蕚，衡山縣豪族廖匡圖子仁勇心甚不平，在馬希蕚途經衡山縣時，「乃率數百人劫而立之，號衡

〔註30〕《資治通鑒》卷283，後晉齊王天福八年九月，第9254頁。
〔註31〕《新五代史》卷49《馮暉傳》，第555頁。
〔註32〕《資治通鑒》卷288，後漢高祖乾祐元年八月，第9395～9396頁。
〔註33〕（元）脫脫等：《宋史》卷271《張藏英傳》，中華書局點校本1985年版，第9291頁。
〔註34〕《舊五代史》卷135《劉守光傳》，第1799頁。
〔註35〕《舊五代史》卷135《劉守光傳》，第1800頁。
〔註36〕《舊五代史》卷70《元行欽傳》，第925頁。
〔註37〕《新五代史》卷36《李嗣昭傳》，第389頁。
〔註38〕《新五代史》卷51《婁繼英傳》，第582頁。

山王，以衡山縣為府。且使人募兵，數日之間，眾及一萬，郡縣多起兵應之」〔註39〕。說的仍然是地方將帥擅自募兵的情況。實際上，五代十國時期各地藩鎮隱瞞中央政府，率意募兵的事例絕不止於史籍所載，相關文獻可以印證此點。如李洪信「無他才術，徒以外戚致位將相。斂財累鉅萬，而吝嗇尤甚。時節鎮皆廣置帳下親兵，惟洪信最寡少」〔註40〕。由此可知，地方將帥往往繞開中央政府的禁令，以個人蓄積的私財羅織直接聽命於己的黨羽，組成私人武裝。這種情形直到後周末年亦無改觀，誠如史者所言：「然當時藩鎮亦皆募兵，倚以跋扈，雖世宗不能盡制也。」〔註41〕藩鎮私自募兵問題的最終解決，仍然要等到北宋初年。

2. **體格檢驗** 前已有述，募主較為重視入營者的體格，而中央政府對於禁軍兵員的身體素質要求更高，藩鎮軍隊中身高體壯、武藝高強之輩，往往被中央政府「選練」至禁軍。如後梁末年，史弘肇隸鄭州開道都，「選入禁軍」。〔註42〕後唐清泰初年，末帝詔諸道選驍果以實禁衛，劉詞遂得「入典禁軍」。〔註43〕後周廣順元年（951）五月，「詔諸道於州兵內選勇壯並家屬赴京師」〔註44〕。而應募者身體是否強健、身手是否敏捷，僅憑外在的體形大小、身材高矮，常常難以作出準確如實的判斷，最有效的辦法莫過於當面檢驗。後周世宗於高平之戰後，為抬高殿前軍的地位，周世宗「以驍勇之士，多為外諸侯所占，于是召募天下豪傑，不以草澤為阻，進于闕下，躬親試閱，選武藝超絕及有身首者，分署為殿前諸班」〔註45〕。經過這次整編，「諸軍士伍，無不精當。由是兵甲之盛，近代無比」〔註46〕。

3. **招刺之法** 應募者正式隸入軍籍前，刺字也是必經環節。招刺之法始於唐末，朱瑾擔任兗州節度使期間，「募驍勇數百人，點雙雁於其頰，立

〔註39〕《三楚新錄》卷1，第6319頁。
〔註40〕《宋史》卷252《李洪信傳》，第8854頁。
〔註41〕（宋）沈作賓修，施宿等撰：《嘉泰會稽志》卷4《軍營》，宋元方志叢刊本，第7冊，中華書局影印本1990年版，第6775頁。
〔註42〕《舊五代史》卷107《史弘肇傳》，第1403頁。
〔註43〕《舊五代史》卷124《劉詞傳》，第1628頁。
〔註44〕《冊府元龜》卷124《帝王部·修武備》，第1493頁。
〔註45〕（宋）王溥：《五代會要》卷12《京城諸軍》，上海古籍出版社點校本1978年版，第206頁。
〔註46〕《舊五代史》卷114《周世宗紀一》，第1522頁。

為『雁子都』」〔註47〕。此風一開，踵者相繼，各地節帥紛紛傚仿。「梁祖聞之，亦選數百人，別為一軍，號為『落雁都』。署（朱）漢賓為軍使，當時目為『朱落雁』」〔註48〕。據此可知，落雁都的軍士亦被文面。作為招刺之法的始作俑者，朱瑾文面究竟出於什麼目的，史料中並未明確揭示，而朱全忠部隊中的健兒文面之舉，則是出於從嚴治軍的需要，其目的在於防止軍士擅自脫離軍籍，以此確保軍隊的穩定。誠如史載：「初，帝在藩鎮，用法嚴，將校有戰沒者，所部兵悉斬之，謂之跋隊斬，士卒失主將者，多亡逸不敢歸。帝乃命凡軍士皆文其面以記軍號。軍士或思鄉里逃去，關津輒執之送所屬，無不死者，其鄉里亦不敢容。」〔註49〕健兒文面的措施也見諸其他藩鎮，如幽州節度使劉仁恭援救滄州，屢吃敗仗，遂於境內大規模徵兵，軍士「文其面曰『定霸都』，士人則文其腕或臂曰『一心事主』，於是境內士民，穉孺之外無不文者」〔註50〕。劉仁恭文面的範圍已不單單是士兵，已經擴大到境內普通百姓和士人，惟小孩、年長婦女除外。其後，健兒文面漸成制度，五代至宋初相沿不改，所謂「初梁太祖令諸軍悉黥面為細字，各識軍號，五代至本朝因之」〔註51〕。

4. 賞兵與養兵　通過募兵制召集而來的兵員，是職業雇傭兵，兵械器仗、衣糧醬菜均仰賴於政府提供，故而軍隊一旦組建完畢，接踵而至的就是如何解決軍士的裝備、贍養問題。史載：「莊宗與劉鄩對壘於莘縣，命（李）存矩於山後召募勁兵，又令山北居民出戰馬器仗，每鬻牛十頭易馬一匹，人心怨咨。」〔註52〕強令山北百姓繳納戰馬器械，就是為了贍養武裝所召募的勁兵。當然，這只是臨時性的舉措，而由政府供給官健衣糧，是唐中後期以來的慣例，五代十國時期，依然如故。如後漢定州節度使孫方諫，以「所部屯兵數少，欲召募牙兵千人，乞度支給衣糧」〔註53〕。即要求中央政府能供給擬新添置的牙軍衣糧。後周德州刺史張藏英，「請列置戍兵，募邊人驍勇者，厚其稟〔廩〕給」，世宗「以藏英為沿邊巡檢招收都指揮使。藏英到官數月，募得

〔註47〕《冊府元龜》卷413《將帥部‧召募》，第4918頁。
〔註48〕《舊五代史》卷64《朱漢賓傳》，第856頁。
〔註49〕《資治通鑒》卷266，後梁太祖開平元年十一月，第8687頁。
〔註50〕《資治通鑒》卷265，唐昭宣帝天祐三年九月，第8662頁。
〔註51〕《嘉泰會稽志》卷4《軍營》，第6775頁。
〔註52〕《舊五代史》卷97《盧文進傳》，第1294頁。
〔註53〕《冊府元龜》卷413《將帥部‧召募》，第4918頁。

千餘人」〔註54〕。張藏英所召集的以驍勇邊人組成的部伍，因擔負戍邊重任，故政府給予優厚待遇。十國之中，也實行國家養兵的制度。如後蜀，「宣徽北院使王承休請擇諸軍驍勇者萬二千人，置駕下左、右龍武步騎四十軍，兵械給賜皆優異於他軍」〔註55〕。這就說明，各軍都有「兵械給賜」，只不過王承休新組建的部隊顯然優越於其他部隊。北宋初年，宋軍伐蜀，「蜀主聞王昭遠等敗，甚懼，乃多出金帛，益募兵守劍門」〔註56〕。所反映的也是由政府贍養軍士的事實。

　　一般而言，政府按統一標準發放的常額衣糧，往往只能維持兵士本人的生活，而兵士又承擔著養活家口的義務，為滿足家人生計所需，尋求額外收入自然也就成為兵士的強烈願望，獲得賞賜又是取得額外收入的最有效途徑。另一方面，藩鎮和中央政府，為爭取官健的支持和賣命，也常常不得不借助賞賜來博取士兵的歡心。唐末已然如此，五代十國時期，賞賜兵士的現象仍是有增無減。賞賜的形式和花樣較多，常見的有慶典常賜、召募賞賜、戰爭賞賜等等。如前蜀武成元年（908）九月，王建即位赦云：「應都知兵馬使已下至節級官健，今有優給，各有等第處分。」〔註57〕後唐末帝清泰元年（934）四月即位赦云：「諸軍軍使、副兵馬使至長行契丹直錢三萬，軍頭十將至軍人各十貫。其元在京城守營及新招軍都人廂軍十將至官健各錢十貫。」〔註58〕這是帝王即位時為穩定軍心而經常採取的措施。後唐莊宗同光末年，「趙在禮舉兵於鄴，瀕河諸州多構亂，（張）錫權知州事，即出省錢賞軍，皆大悅，一郡獨全，棣人賴之」〔註59〕。張錫時任棣州軍事判官，其「出省錢賞軍」的舉措，起到了穩定軍心、增強軍隊凝聚力的作用，棣州也因此而得以保全。還是同光末年，李嗣源被誣反叛，欲赴京申辯，「乃趨白皋渡，駐軍於河上，會山東上供綱載絹數船適至，乃取以賞軍，軍士以之增氣」〔註60〕。李嗣源賞軍的目的，顯然在於激勵士氣，使軍士樂於為自己效命。清泰元年（934）

〔註54〕《資治通鑑》卷292，後周世宗顯德二年正月，第9523頁。
〔註55〕《資治通鑑》卷273，後唐莊宗同光二年十月，第8926頁。
〔註56〕（宋）李燾：《續資治通鑑長編》卷6，乾德三年正月，中華書局點校本2004年版，第143頁。
〔註57〕（宋）句延慶：《錦里耆舊傳》卷5，五代史書彙編本，第10冊，杭州出版社點校本2004年版，第6029頁。
〔註58〕《冊府元龜》卷81《帝王部・慶賜三》，第949頁。
〔註59〕《宋史》卷262《張錫傳》，第9068頁。
〔註60〕《舊五代史》卷35《唐明宗紀一》，第489頁。

四月，潞王李從珂起兵於鳳翔，「許軍士以入洛人賞錢百緡」〔註61〕，此舉也是意在收買軍心。

三、募兵制之流弊及惡果

募兵制所施行的職業雇傭兵制，解除了強加於小農身上的兵役枷鎖，較之於此前的義務兵役制，無疑是歷史的一大進步，這還只是問題的一個方面。從另一方面來看，募兵制在其從創始至發展的過程中，亦呈現出若干弊端，乃至種下諸般惡果。五代十國時期，正處於募兵制演進歷程的中間階段，加之其時軍閥混戰所造成的惟強力是尚的客觀情勢，募兵制明顯暴露出種種不足，甚至產生出極其惡劣的影響。

1. **求賞無厭，兵驕將惰**　五代十國時期，募兵求賞之風盛行，而如若賞賜不多或不及時，則極易導致士伍的離心或嘩變。最為典型的例子，莫過於後唐莊宗同光末年因長期賞軍不足所致的軍心渙散。為鎮壓李嗣源的起兵，莊宗無奈下令「出錢帛給賜諸軍」，然而，「是時，軍士之家乏食，婦女掇蔬於野，及優給軍人，皆負物而詬曰：『吾妻子已殍矣，用此奚為！』」〔註62〕迫於形勢緊急，莊宗御駕親征，在前線被打敗後，「還過罌貝子谷，道狹，每遇衛士執兵仗者，輒以善言撫之曰：『適報魏王又進西川金銀五十萬，到京當盡給爾曹。』對曰：『陛下賜已晚矣，人亦不感聖恩！』帝流涕而已」〔註63〕。為求賞賜而竟然置人主於不顧，士卒之驕悍，由此可見一斑。軍心如斯，莊宗的覆亡已成指日可待之勢。後唐末帝倚兵變得位，驕兵索賞，囂張至極。為籌措賞軍費用，「有司百方斂民財」，猶有不足，「而軍士遊市肆皆有驕色，市人聚詬之曰：『汝曹為主力戰，立功良苦，反使我輩鞭胸杖背，出財為賞，汝曹猶揚揚自得，獨不愧天地乎！』」末帝盡其所有，罄府庫之實以賞軍，結果卻是「軍士無厭，猶怨望」。由於「閔帝仁弱，帝剛嚴」，士卒竟公然說：「除去菩薩，扶立生鐵。」〔註64〕驕橫跋扈之態盡顯無遺。而且，無賴不逞之人一旦在營為兵，其身份亦隨之而變為官健，藉此而挾仇報復的情形亦有出現，所謂「至有朝行殺奪，暮升軍籍，讎人遇之，不敢仰視」〔註65〕，已一語道

〔註61〕《資治通鑒》卷279，後唐潞王清泰元年四月，第9116頁。
〔註62〕《舊五代史》卷34《唐莊宗紀八》，第475頁。
〔註63〕《資治通鑒》卷274，後唐明宗天成元年三月，第8972～8973頁。
〔註64〕《資治通鑒》卷279，後唐潞王清泰元年四月，第9118～9119頁。
〔註65〕《舊五代史》卷114《周世宗紀一》，第1511頁。

盡。驕兵悍將習氣的盛行，致使「兵驕則逐帥，帥強則叛上」〔註66〕成為習見之事。不惟藩侯將帥淪落為驕兵悍將的販易之物，即便是帝王廢置，也往往因緣於武夫悍卒的驕縱無忌。五代帝王依靠兵變而上臺者，相繼有後唐明宗李嗣源、末帝李從珂，以及後周太祖郭威。〔註67〕

2. **養兵費用激增，財用枯竭**　贍軍養士，是五代各朝財政支出的大宗。軍士衣糧的正常供給，是中央財政的常規性支出。如「靈武自唐明宗已後，市馬糴粟，招來部族，給賜軍士，歲用度支錢六千萬，自關以西，轉輸供給，民不堪役，而流亡甚眾」〔註68〕。僅僅靈武一地，每年就耗費度支錢達6000萬，照此推算，合全國之兵每年需支出的錢糧數目必定大得驚人。再加上經常性的賞軍費用，不難想見五代各朝所面臨的巨大財政壓力。因此，史籍中屢屢出現關於國庫儲蓄不足而難以賞軍、供軍的記載。如後唐莊宗同光初年，「公府賞軍不足。（郭）崇韜奏請出內庫之財以助，莊宗沉吟有靳惜之意」〔註69〕。同光末年，「租庸使以倉儲不足，頗朘刻軍糧，軍士流言益甚」〔註70〕。清泰初年，末帝即位不久，「切於軍用，時王玫判三司，詔問錢穀，玫具奏其數，及命賞軍，甚愆於素」〔註71〕。反映的都是國庫蓄積難以滿足軍事開支的事實。為應付不堪重負的軍事支出，中央政府開始巧立名目征斂財富，以彌補財政虧空。其中，以助軍錢最為常見。如後梁開平元年（907）十月，「廣州進獻助軍錢二十萬」〔註72〕。匡國軍節度使馮行襲，「在許三年，上供外，別進助軍羨糧二十萬石」〔註73〕。這是各地藩鎮進獻助軍錢的例子，其意圖無非是以此邀功固寵。更有甚者，就是直接重斂百姓，用以贍軍。如清泰元年（934）三月，後唐末帝「以府藏空竭」，「詔河南府率京城居民之財以助賞軍」。不久，「又詔預借居民五個月房課，不問士庶，一概施行」〔註74〕。後晉少帝開運年間，「時國用窘乏，取

〔註66〕　（宋）歐陽修、宋祁：《新唐書》卷50《兵志》，中華書局點校本1975年版，第1329頁。

〔註67〕　張其凡師：《五代政權遞嬗之考察——兼評周世宗的整軍》，《華南師範大學學報》1985年第1期。

〔註68〕　《新五代史》卷49《馮暉傳》，第554頁。

〔註69〕　《舊五代史》卷57《郭崇韜傳》，第766頁。

〔註70〕　《資治通鑒》卷274，後唐明宗天成元年三月，第8968頁。

〔註71〕　《舊五代史》卷89《劉昫傳》，第1172頁。

〔註72〕　《舊五代史》卷3《梁太祖紀三》，第55頁。

〔註73〕　《舊五代史》卷15《馮行襲傳》，第211頁。

〔註74〕　《舊五代史》卷46《唐末帝紀上》，第632頁。

民財以助軍」〔註75〕。還有其他一些斂財措施，如後蜀廣政十八年（955）十月，後主孟昶為抵禦後周軍隊的進攻，「遂聚芻粟於劍門、白帝，為守禦之備。募兵既多，用度不足，始鑄鐵錢，榷境內鐵器，以專其利」〔註76〕。

3. **職業軍人地位之低下**　募兵制使兵與農分離開來，當兵成為一種職業，於是見之於中古前期的「四民」之外，始有「兵」這一社會階層的產生。從社會分層角度來看，新興的「兵」階層的社會地位，在其時居於士、農、工、商之下。造成此種情形的原因，與募兵制中招刺法的推行大有干係。關於招刺法，後人即有下述評論：「顙受墨涅若膚疾……籍民為兵，無罪而黥之，使終身不能去，以自別於平人，非至不仁者，莫忍為也。」〔註77〕也就是說，黥面將士兵和普通人區別開來，其行為不合仁義之道。客觀上來看，黥面實際上已經演變為一種身份標識，此舉降低了軍人的社會地位。因為黥面本為刑罰之一種，將其移植到召募士兵的制度中，無形中會影響到時人對軍士的價值判斷，「健兒」也就成為極具貶斥意義的語彙，以至將士都不願被稱為健兒。如荊南大將梁延嗣，「起家行伍，居恒諱健兒士卒之語」〔註78〕。即為其證。將領尚且如此，一般士卒更是可想而知。

四、結語

綜觀上述，五代十國時期的募兵制實則是對唐中後期舊制的保留與發展，兩者一併對其後趙宋兵制的形成與發展起到了奠基性的作用。雖然自唐末以迄五代，募兵中日益蔓延的驕橫跋扈惡習，在宋初即得到抑制，而募兵制中養軍費用的居高不下所帶來的財政壓力，職業軍人社會地位的卑賤及其所造成的社會歧視等流弊，卻依然有所延續，甚至惡性膨脹，因此也一再是長久地困擾趙宋王朝的兩大隱患。

另外，尚需看到的是，依靠召募的方式籌集兵員，是五代十國時期召集士伍的主要手段，但強制徵兵的措施並未就此止步。從理論上來說，募兵制奉行自願原則，但實際上自願投募原則往往很難付諸實施，於是在戰事驟起、兵員不足之時，募主採取強制手段驅民為兵、抓夫入伍，又是其時補充兵員

〔註75〕　《宋史》卷264《盧多遜傳附父億傳》，第9116頁。
〔註76〕　《十國春秋》卷49《後蜀二·後主本紀》，第725頁。
〔註77〕　（元）馬端臨：《文獻通考》卷152《兵考四·兵制》引「致堂胡氏曰」，中華書局影印本1986年版，考一三二五。
〔註78〕　《十國春秋》卷103《荊南四·梁延嗣傳》，第1469頁。

最為常見、便捷的有效輔助方式。所以，兵役並未因募兵制的興起而絕跡。五代十國時期，干戈不休，戰無寧日，對兵員的補充和搜集極為頻繁，故南北各政權除以募兵徵集兵員之外，還都留下了大量強行徵兵的記錄，兵役仍舊是民戶無法逃脫的沉重負擔之一。就此而言，五代十國兵員的徵集方式，主要有募兵制和徵兵制兩種，這與唐末以來的情況並無不同。

原載於范立舟、曹家齊主編：
《張其凡教授榮開六秩紀念文集》，上海人民出版社 2009 年版

後周太祖郭威內政改革瑣論

　　五代時期，兵戈擾攘不息，天下紛亂動盪，生民倒懸，經濟殘破。迨至末世，統一的曙光初現端倪，後周太祖郭威順應時勢，針對五代弊政，積極倡導改革，加快了由割據走向統一的步伐。廣順元年（951）正月，郭威踐祚登基，建立後周，廟號太祖。他「是一位才幹出眾、果斷而善於謀略的君主」〔註1〕，享位雖不足四年，卻能留心革弊，「對民眾有點益處，在五代時，確是一個難得的好皇帝」〔註2〕。對於後周的改革，歷代學者往往關注周世宗的成就，而周太祖的歷史地位卻長期淡出人們的視線之外，除一般通史性著作略有陳述外，論及此問題的單篇論文並不多見。〔註3〕實際上，如陶懋炳先生所言，「後周的改革創於太祖而成於世宗，為北宋開國奠定基礎」〔註4〕，是由亂而治的轉折點。追索周太祖改革舉措的目的，在於釐清周世宗改革，乃至宋初太祖、太宗改革的歷史背景，以為進一步探討唐宋社會變革發掘歷史資源。

　　唐末以來，「強臣擅兵以思篡奪者相沿成習，無有寧歲久矣」〔註5〕。五代時期政權更替尤為頻繁，54年間，歷8姓、14君，而其遞嬗無一例外都以軍事實力為後盾。驕師悍卒搖身變為政治生活中的絕對主宰，軍事鬥爭成為

〔註1〕鄭學檬：《五代十國史研究》，上海人民出版社1993年版，第105頁。
〔註2〕范文瀾主編：《中國通史》（第三冊），人民出版社1979年版，第468頁。
〔註3〕唐啟淮：《郭威改革簡論》，《湘潭大學學報》1988年第3期；劉永平：《郭威改革述論》，《徐州師範大學學報》1992年第1期。
〔註4〕陶懋炳：《五代史略》，人民出版社1985年版，第298頁。
〔註5〕（清）王夫之：《讀通鑒論》卷30《五代下》，第1080頁。

政治活動的唯一主題，所謂「守宰者皆武夫，率以兵戈為急務」〔註6〕。周太祖深知現實政治弊端叢集，遂有革故鼎新之志。而在長期分崩離析的動盪中，暗滋增長的統一因素，將周太祖推上了一條致力於整頓內政的改革之路。

一、紓蘇民困，休養生息，發展經濟

由唐末至後周立國的近兩百年間，各地藩鎮林立，割據政權此伏彼起，中原地區更是屢經兵燹，黎民塗炭，「丁壯斃於鋒刃，老弱委於溝壑」〔註7〕。鋒鏑餘生的中原百姓又為重稅繁役所困，呻吟於武夫悍卒的淫威之下，迫切希望能過上幾天安穩日子。縱觀前代，農業歷來是各王朝的經濟命脈，小農經濟力量的盛衰，往往同王朝實力的強弱成正比，而且農村問題的解決與否，更關涉到政權的安危。解除名目繁多的煩苛雜稅之重壓，切實減輕農民負擔，扶植小農經濟的成長，是郭威鞏固後周政權需要解決的頭等大事。周太祖順應民心，代漢不久即著手恢復生產，整頓經濟秩序。

周太詛「平生好儉素」，嘗言：「朕起於寒微，備嘗艱苦，遭時喪亂，一旦為帝王，豈敢厚自奉養以病下民乎！」〔註8〕「宮闈服御之所須，悉從減損；珍巧纖奇之厥貢，並使寢停。」〔註9〕且「內出寶玉器及金銀結縷、寶裝牀几、飲食之具數十，碎之於殿庭」，並謂侍臣：「凡為帝王，安用此！」「仍詔所司，凡珍華悅目之物，不得入宮。」〔註10〕周太祖提倡樸實儉約，與同時期其他帝王的奢華淫逸，形成了強烈的對比。察其深意，當更在於遏制地方郡牧以進奉為名的巧取豪奪行為，以減輕民間負擔，一如此詔，「應天下州府舊貢滋味食饌之物」，「雖皆出於土產，亦有取於民家，未免勞煩，率皆糜費」，「今後並不須進奉」〔註11〕。周太祖在彌留之際，仍累諭柴榮：「陵寢不須用石柱，費人功，只以磚代之。用瓦棺紙衣。」〔註12〕郭威不循歷代帝王厚葬之規，固然有擔心

〔註6〕 （宋）文瑩：《玉壺清話》卷9《李先主傳》，第87頁，中華書局點校本1984年版。
〔註7〕 （宋）司馬光：《資治通鑒》卷286，後晉高祖天福十二年正月，中華書局點校本1956年版，第9335頁。
〔註8〕 《資治通鑒》卷290，後周太祖廣順元年正月，第9454頁。
〔註9〕 （宋）薛居正等：《舊五代史》卷110《周太祖紀一》，中華書局點校本1976年版，第1463頁。
〔註10〕 《舊五代史》卷111《周太祖紀二》，第1468頁。
〔註11〕 《舊五代史》卷110《周太祖紀一》，第1463~1464頁。
〔註12〕 《舊五代史》卷113《周太祖紀四》，第1503頁。

身後陵墓被盜的尷尬，但客觀上減少了對百姓的煩擾，利於民眾休養生息。

罷營田，除牛租。「唐末，中原宿兵，所在皆置營田以耕曠土；其後又募高貲戶使輸課佃之，戶部別置官司總領，不隸州縣，或丁多無役，或容庇奸盜，州縣不能詰。」〔註13〕營田本為軍屯，至五代，營田已為豪強地主所控制，其不法經營導致了國家賦役收入的減少。昔後梁朱溫渡淮作戰，將掠得的淮南民牛配給諸州百姓，課以牛租，「自是六十餘載，時移代改，牛租猶在，百姓苦之」〔註14〕。太祖深知其弊，牛租之苦，廣順三年（953）正月敕令：「應有客戶元係佃省莊田、桑土、舍宇，便賜逐戶，充為永業，仍仰縣司給與憑由，應諸處元屬營田戶部院及繫縣人戶所納租中課利，起今年後並與除放。所有見牛犢並賜本戶，官中永不收繫。」〔註15〕既罷營田，亦除牛租，至此唐文宗以來至少存了 120 餘年的營田務廢止，困擾百姓的牛租一併銷聲匿跡。而營田土地一旦轉化為自耕農土地，更是刺激了小自耕農生產積極性的提高，「是歲出戶三萬餘，百姓既得為己業，比戶欣然，於是葺屋植樹，敢致功力」〔註16〕。瀕於崩潰邊緣的社會經濟，漸現復蘇跡象。

輕賦役，紓民困。巧立名目，與民爭利，是後梁至後漢各朝的通病。周太祖堅持「利在於民，猶在國也」〔註17〕的原則，設法扭轉沿襲日久的厚斂積習。廣順元年（951）正月下詔：「天下倉場、庫務，宜令節度使專切鈐轄，掌納官吏一依省條指揮，不得別納斗餘、秤耗，舊來所進羨餘物色，今後一切停罷。」〔註18〕禁絕了以「斗餘」「秤耗」為由頭的榨取方式。後漢法令中有「犯私鹽、曲，無問多少抵死」的陳規，太祖因是規定：「犯鹽、曲者以斤兩定刑有差。」具體為，「諸色犯鹽、曲，所犯一斤已下至一兩，杖八十，配役；五斤已下，一斤已上，徒三年；五斤已上，重杖一頓，處死」〔註19〕。較之前代，刑罰有所減輕。次年十月，又裁汰「甲料」科目，「以諸州器甲，造作不精，兼占留屬省物用過當，乃令罷之」〔註20〕。太祖還放寬了對牛皮、

〔註13〕 《資治通鑑》卷 291，後周太祖廣順三年正月，第 9488 頁。
〔註14〕 《舊五代史》卷 112《周太祖紀三》，第 1488 頁。
〔註15〕 《舊五代史》卷 112《周太祖紀三》，第 1488 頁。
〔註16〕 《舊五代史》卷 112《周太祖紀三》，第 1488 頁。
〔註17〕 《資治通鑑》卷 291，後周太祖廣順三年正月，第 9488 頁。
〔註18〕 《舊五代史》卷 110《周太祖紀一》，第 1459 頁。
〔註19〕 《資治通鑑》卷 290，後周太祖廣順二年十二月，第 9481 頁。
〔註20〕 《舊五代史》卷 112《周太祖紀三》，第 1485 頁。

鹽和酒麴等國家專賣物的規定:「約每歲民間所輸牛皮,三分減二;計田十頃,稅取一皮,餘聽民自用及賣買,惟禁賣於敵國。」〔註21〕後梁至後漢以來的聚斂之風、盤剝之災由是稍息。

二、重構法網,整頓吏治,削弱地方

五代以來,「典刑弛廢,州縣掌獄吏不明習律令,守牧多武人,率恣意用法」〔註22〕。在武夫作亂的五代時期,律令形同虛設,藩侯牧守,「視人命如草芥,動以族誅為事」〔註23〕。自唐宣宗以後,「天下之無法,至於郭氏稱周,幾百年矣」〔註24〕。刑典無常,冤獄泛濫的狀況,不僅對人民基本的生存權利構成了嚴重的威脅,而且還縱容官宦腐敗現象的蔓延和惡化,以至疏遠中央與地方的關係。「民惟邦本,本固邦寧」,得民心者得天下,其時百姓的生命既無法保障,民心之向背自是不言而喻。而社會有機體內腐敗毒瘤的頑固性滋生,又使整個吏治乏善可陳,進而加劇地方離心力,並危及後周政權。有鑑於此,為了維持中央政府命令的嚴肅性和王權的尊崇,確保國家機器的正常運轉,周太祖著意加強法制建設,致力於澄清吏治,削弱地方權力的改革活動。

以法治國,將國家政治生活重新納入有序運行的發展軌道,是郭威在位期間孜孜以求的目標。廣順元年(951)五月,頒赦節文:「今後應諸色犯罪,除反逆罪外,並不得籍沒家貲,誅及骨肉,一依格令處分。」〔註25〕要求官吏公正執法,不宜將處罰範圍擴大化,以免使無辜之人受到牽連。次年十月,後周明定訴訟手續,以限制官吏和訟棍的蠹民之弊,詔曰:「民有訴訟,必先歷州縣及觀察使處決,不直,乃聽訟於臺省,或自不能書牒,倩人書者,必書所倩姓名、居處。若無可倩,聽執素紙。所訴必須己事,毋得挾私客訴。」〔註26〕在申飭司法規範的基礎上,周太祖加快了對前朝律令的修定、刪改工

〔註21〕《資治通鑒》卷291,後周太祖廣順二年十一月,第9486頁。
〔註22〕（宋）李燾:《續資治通鑒長編》卷,建隆二年五月,中華書局點校本2004年版,第46頁。
〔註23〕（清）趙翼撰,王樹民校證:《廿二史劄記校證》卷22《五代濫刑》,中華書局1984年版,第478頁。
〔註24〕《讀通鑒論》卷30《五代下》,第1084頁。
〔註25〕（宋）王溥:《五代會要》卷10《刑法雜錄》,上海古籍出版社點校1978年版,第163頁。
〔註26〕《資治通鑒》卷291,後周太祖廣順二年十月,第9485頁。

作。史載，廣順元年（951）六月，太祖「命侍御史盧憶等，以晉、漢及國初事關刑法敕條一十六件，編為二卷，目為《大周續編敕》」〔註27〕。《大周續編敕》成為太祖時期法制的基本準繩。嗣後亦根據形勢變化，不斷損益，以應時變。廣順三年（953）二月，中書門下奏：「起今後應天下諸道州府斷遣死罪者，候斷遣訖錄元案聞奏，仍分明錄推司官典及詳斷檢法官姓名。其檢用法條朱書，不得漏落。」〔註28〕後周王朝加強對司法的監控，當在一定程度上彌補了執法者隱瞞案情、枉法用事的既往疏漏。周太祖加強法制建設的若干舉措，為社會秩序的穩定提供了制度性保障，亦為其後周世宗頒行《大周刑統》積累了經驗。「有法可依」為「執法必嚴」打通了道路。

武夫當權的社會現實，使吏治的腐敗無以復加。重懲不法之徒，以示儆戒，是促使吏治步入良性循環的必要條件。五季至宋初對吏治中不正之風的大力整治，始於周太祖。據《舊五代史》《資治通鑒》《冊府元龜》所載，終後周太祖一朝懲治官員即有 23 名之多。僅《舊五代史》中即有下述數例，如戶部尚書張昭、〔註29〕中書舍人劉濤、〔註30〕萊州刺史葉仁魯、〔註31〕左諫議大夫李知損、〔註32〕方城縣令陳守愚、〔註33〕衛尉少卿李溫美、供奉官武懷贊、內衣庫使齊藏珍〔註34〕等等。內中不乏權臣大將、佐命元勳，但或以貪贓，或以瀆職，均受到了太祖的懲處。自此屢見於官場的貪濁瀆職現象，相對有所減少，惡性膨脹的官僚權力，逐漸感受到來自中央政府的威懾力量。

唐末以降，藩鎮擁兵自守，所謂「郡邑官吏，皆自署置，戶版不籍於天府，稅賦不入於朝廷，雖曰藩臣，實無臣節」〔註35〕。節度使之地盤宛如獨立的小王國，藩帥操生殺予奪之權柄，五季其風更熾。面對由來已久的武夫蔑視中央權威的嚴峻挑戰，周太祖有意抑制地方權力，逐步加強中央集權。

〔註27〕《五代會要》卷 9《定格令》，第 148 頁。
〔註28〕《五代會要》卷 10《刑法雜錄》，第 163～164 頁。
〔註29〕《舊五代史》卷 111《周太祖紀二》，第 1473 頁。
〔註30〕《舊五代史》卷 111《周太祖紀二》，第 1475 頁。
〔註31〕《資治通鑒》卷 291，後周太祖廣順三年正月，第 9489 頁。
〔註32〕《舊五代史》卷 112《周太祖紀三》，第 1489 頁。
〔註33〕《舊五代史》卷 112《周太祖紀三》，第 1490 頁。
〔註34〕《舊五代史》卷 113《周太祖紀四》，第 1498 頁。
〔註35〕（後晉）劉昫等：《舊唐書》卷 141《田承嗣傳》，中華書局點校本 1975 年版，第 3838 頁。

廣順元年（951）正月，制曰：「其先於在京諸司差軍將充諸州郡元從都押衙、孔目官、內知客等，並可停廢，仍勒卻還舊處職役。」而且要求州縣長官任用親戚，應「慎擇委任，必當克劾參裨」〔註36〕。同年三月，再次下詔：「諸州所差散從親事官等，並宜放散。」〔註37〕這些規定的目的，在於堵塞州府廣植親信、私交黨羽、上下相瞞的路途。太祖還對地方官吏的職責作出明確的劃分，嚴令各守其職，不得憑軍權指揮一切，強調「其婚田爭訟、賦稅丁徭，合是令佐之職。其擒奸捕盜、庇護部民，合是軍鎮警察之職。今後各守職分，專切提撕，如所職疏遣，各行按責，其州府不得差監徵軍將下縣」〔註38〕。雖然將地方權力收束於中央的歷史進程，要到宋初的改革才能終結，但旨在消除武人用長槍支配一切的弊政改革，已由周太祖發端，並在其後的幾十年間終成不可阻遏之勢。

三、貶抑權臣，重用文人，致思求治

充斥在五代政治生活表面上的情形是，武夫飛揚於外，連橫叛亂，頤指氣使；文人地位低落，無足輕重。「剝極而復」，到了五代後期，經年陷入刀光劍影絞殺中的武夫和處於無情政治傾軋中的權臣，已逐漸厭倦了血雨腥風的爭鬥，惶惶不可終日於地位之朝不保夕，轉而渴望政治統治秩序的穩定。長期仰武人鼻息而唯唯諾諾的文人，期待能擺脫武人專制的摧殘，重新走向政治舞臺的前治。周太祖曾為後晉、後漢的重臣，對唐末以來的政治有著較為清醒的認識，深切體會到來自於統治集團上層的日益高漲的統一呼聲，將改革的重點置於對政權核心結構的調整上，力戒武夫公卿播弄政治，盡力抬高文臣在政治決策中的地位。

由於悉知軍人政治發展到極致的可怕後果，郭威著手遏制武夫，竭力避免後周成為又一個旋起旋滅的短命王朝。五代時軍紀普遍較為紊亂，有待重振，「先是，軍中禁酒，帝有愛將李審犯令，斬之以徇」〔註39〕。郭威斬殺愛將，表明了嚴明軍紀、抑制武夫囂張氣焰的決心。郭威登基後，借鑒後漢隱帝誅殺宿將權臣如楊邠、王章、史弘肇等的做法，對強權採取高壓政策，尤

〔註36〕《舊五代史》卷110《周太祖紀一》，第1460頁。
〔註37〕《舊五代史》卷111《周太祖紀二》，第1470頁。
〔註38〕《舊五代史》卷113《周太祖紀四》，第1498頁。
〔註39〕《舊五代史》卷110《周太祖紀一》，第1451頁。

以對軍隊的整頓為重點。為了糾正五代士卒剽掠成習、滋事擾民的傳統，廣順二年（952）正月，周太祖告誡討伐慕容彥超的將領：「諸軍入兗州界，不得下路停止村舍，犯者以軍法從事。」〔註40〕士卒驕橫之風的形成，源於將帥的姑息、縱惡和庇護，郭威整飭軍紀的行動，收到了敲山鎮虎的作用。周太祖更是直接向不聽節制的武人開刀，廣順二年（952）五月，「前慶州刺史郭彥欽勒歸私第」〔註41〕，前寧州刺史張建武責授右司禦副率；〔註42〕同年十二月，賜死前單州刺史趙鳳。〔註43〕對待居功自傲、專橫無極的王峻、王殷，則分別予以誅除，以弭後患。職此之故，傳統強勢勢力遭到了前所未有的打擊，致使一時方鎮無敢叛亂者。

從軍出身的郭威，迥異於一般武夫，史載：「帝性聰敏，喜筆劄，及從軍旅，多閱簿書，軍志戎政，深窮綮肯，人皆服其敏。」〔註44〕對《閫外春秋》一類的兵書，亦「深通義理」〔註45〕。稱帝後，周太祖聲稱：「帝王之道，德化為先。」〔註46〕一改前朝不重視士人的作風，重用文臣，留心納士，選拔李穀、范質、王溥等人，參與軍國大政。並嘗試以文臣主州郡，〔註47〕至宋乃成定制。「故郭氏之興，王峻、侯益之流，不敢復萌跋扈之心；而李穀、范質、魏仁浦乃得以文臣銜天憲制閫帥之榮辱生死」〔註48〕，重武輕文之弊由是更張。王夫之評價道：「蓋郭氏懲武人幕客之樵蘇其民而任其荒穢，標揘克之成格以虐用之於無涯，於是范質、李穀、王溥諸人進。」〔註49〕「嗣是而王樸、竇儀得以修其文教，而宋乃因之以定一代之規。」〔註50〕周太祖昔在軍旅時，「士無賢不肖，有所陳啟，溫顏以接，俾盡其情，人之過忤，未嘗介意，故君子小人皆思効用」〔註51〕。稱帝後，為求治國之道，嘗下詔求言：

〔註40〕《舊五代史》卷112《周太祖紀三》，第1479頁。
〔註41〕《舊五代史》卷113《周太祖紀四》，第1496頁。
〔註42〕《舊五代史》卷113《周太祖紀四》，第1499頁。
〔註43〕《舊五代史》卷113《周太祖紀四》，第1500頁。
〔註44〕《舊五代史》卷110《周太祖紀一》，第1448頁。
〔註45〕《舊五代史》卷110《周太祖紀一》，第1448頁。
〔註46〕《舊五代史》卷110《周太祖紀一》，第1460頁。
〔註47〕《舊五代史》卷112《周太祖紀三》，第1481頁。
〔註48〕《讀通鑑論》卷30《五代下》，第1080頁。
〔註49〕《讀通鑑論》卷30《五代下》，第1085頁。
〔註50〕《讀通鑑論》卷30《五代下》，第1086頁。
〔註51〕《舊五代史》卷110《周太祖紀一》，第1451頁。

「在朝文武臣僚，各上封事，凡有益國利民之事，速具以聞」〔註52〕。其求治之心，昭然若揭。整個後周政權呈現出勃發的生機和活力。

四、結語

前述若干改革措施的深度和力度，是五代此前各朝所不能具有的。周太祖的改革是順應歷史潮流的明智之舉，為後周政權的鞏固和發展鋪平了道路，亦為接踵而至的周世宗、宋太祖、宋太宗的改革，理順了思路，擬寫了範本，掃清了障礙。宋人薛居正如此評價周太祖的改革：「期月而弊政皆除，逾歲而羣情大服。」〔註53〕此語雖有過譽之嫌，但其效果甚為顯著，當是不爭之事實，所謂「雖享國之非長，亦開基之有裕矣」〔註54〕。

後人在論及後周改革時，多詳於世宗而疏於太祖。蓋棺論定，五代史專家陶懋炳先生認為，「後世史家多論世宗之英明，而沒有對太祖的建樹作充分的估價，而世宗的改革，如果沒有太祖的根基，也不可能如此順手。五代諸君似太祖踐祚不及五年（按，此處有誤，周太祖在位時間為廣順元年正月至顯德元年正月，即951年至954年，實不足四年）而能如此成績者，實為罕見，後唐明宗也遠不能及。後周太祖算不上歷史上傑出的政治家，但堪稱五代的一位有作為的皇帝」〔註55〕。如眾多治史者共識，太祖改革為世宗改革奠定了基礎，實際上與北宋初年的改革，也有著一脈相承的淵源關係。而這種基礎性的作用，若從長遠的眼光進行分析，在筆者看來，大致可歸納為三個方面：其一，為周世宗及宋初的改革指明了方向；其二，逐漸成長的經濟力量，為統一戰爭提供了堅實的支柱；其三，壓武夫，制權臣，重文士，為專制主義中央集權的恢復作了必要的鋪墊。宋初對於強將「稍奪其權，制其錢穀，收其精兵」〔註56〕，這種策略成為加強專制主義中央集權的綱領性思想，追根溯源，此思路在周太祖的改革中已經有所展現。有些學者認為，郭威改革僅囿於內政，缺乏統一天下的抱負和胸襟，是改革中的硬傷，故而改革的價值和意義都不可能提升。但倘從後周當日所處環境探究，保守疆土、積蓄

〔註52〕《舊五代史》卷110《周太祖紀一》，第1464頁。
〔註53〕《舊五代史》卷113《周太祖紀四》「史臣曰」，第1505頁。
〔註54〕《舊五代史》卷113《周太祖紀四》，第1506頁。
〔註55〕《五代史略》，第319～320頁。
〔註56〕（宋）司馬光：《涑水記聞》卷1「杯酒釋兵權，中華書局點校本1989年版，第11頁。

力量以自立的方針，無疑是善之善者也。誠然，周太祖改革內政的意圖，是為了鞏固後周政權，確保社稷的長治久安，但客觀上則啟動了撥亂反正的歷史航程，理出了統一的端緒，歷史功績不容抹煞。綜上所述，筆者認為，郭威實乃五季宋初改革的先驅。

原刊於《湖北大學學報》2003 年第 3 期

後周太祖、世宗懲治官員考析〔註1〕

　　處於唐宋之交的五代十國是中國歷史上典型的亂世之一，「於此之時，天下大亂，中國之禍，篡弒相尋」〔註2〕。五季的後周時期，統一的因素已漸趨增長，經太祖郭威和世宗近十年的大力整飭，天下分崩離析的局面漸現復歸一統的跡象。在太祖、世宗兩朝著力重構專制秩序、清明政治、謀劃統一之際，對不法官員的懲處始終前後相繼。前輩學人對這一時期的懲官現象雖有所關注，然不免簡略。〔註3〕筆者擬據現有材料，相較全面地搜集此類事實，並置之於五季宋初「由亂而治」的宏觀背景中，以此視角解剖後周的政治改革，稀有裨於深化對改革的認識，為理解歷史行程的轉向發掘歷史資源，進而廓清政治秩序變化中的若干基本特徵。囿於識見，或有疏漏，持論亦或不當，願聞先識賜教。

一、懲官實錄

　　安史亂後，藩鎮勢力異軍突起，在摧毀大唐帝國後，多個政權並存的五代十國的割據狀況取代了天下一統的局面。隨著戰爭曠日持久的進行和政權的頻繁更替，廣順元年（951）正月，後漢宿將郭威踐祚登基，建立後周，是為太祖。周太祖在位（951～954）雖不足4年，卻能勵精圖治，興利除弊，

〔註1〕 與業師葛金芳先生合撰。
〔註2〕 （宋）歐陽修：《新五代史》卷61《吳世家》，中華書局點校本1974年版，第762頁。
〔註3〕 參見韓國磐：《柴榮》，上海人民出版社1953年版，第25～26、54頁；陶懋炳：《五代史略》，人民出版社1985年版，第316～317頁。

懲貪治濁亦極為嚴厲，僅據《舊五代史》（中華書局點校本 1976 年版）、《冊府元龜》（中華書局影印本 1960 年版）和《資治通鑒》（中華書局點校本 1956 年版）所載，周太祖朝共懲處官吏 23 名，詳情見下表：

表 1　太祖朝懲治官員表

序號	姓　名	官　職	罪名及處置	時　間	史料出處
1	馬彥勍	考城縣巡檢、供奉官	匿赦書殺獄囚，棄市。	廣順元年五月	《舊五代史》卷 111《周太祖紀二》，第 1473 頁。
2	張昭	戶部尚書	以其子犯法抵罪，左授太子賓客。	廣順元年七月	同上。
3	劉濤	中書舍人	遣子頊代草制詞，責授少府少監。	廣順元年九月	同上卷，第 1475 頁。
4	劉頊	監察御史	代父草制，責授復州司戶。	同上	同上。
5	楊昭儉	中書舍人	不親其職，解官放逐私便。	同上	同上。
6、7	賈超等 2 人	控鶴官、將虞候	坑冶務收管時，求丐，決杖二十，配流商州坑冶務收管。	廣順三年正月	《冊府元龜》卷 154《帝王部·明罰三》，第 1871 頁。
8	李知損	兩浙弔祭使、左諫議大夫	銜命江浙，所經藩郡，皆強貸於侯伯，責授登州司馬，員外置，仍令所在馳驛放遣。	廣順三年正月	《舊五代史》卷 112《周太祖紀三》，第 1489 頁。
9	葉仁魯	萊州刺史	坐贓絹萬五千匹，錢千緡，賜死。	同上	《資治通鑒》卷 291，第 9489 頁。
10	李尋	鎮將	豪奪二女，配役作坊。	廣順三年二月	《冊府元龜》卷 154《帝王部·明罰三》，第 1872 頁。
11	陳守愚	唐州方城縣令	坐克留戶民矗鹽一千五百斤入己，棄市。	廣順三年二月	《舊五代史》卷 112《周太祖紀三》，第 1490 頁。
12	王峻	樞密使、平盧節度使、尚書左僕射、同平章事	欺凌君主，貶授商州司馬。	同上	《舊五代史》卷 130《王峻傳》，第 1715 頁。

13	桑能	鳳翔少尹	據桑維翰別第,責授鄧州長史。	同上	《舊五代史》卷 112《周太祖紀三》,第 1490 頁。
14	陳觀	秘書監	坐王峻黨,責授左贊善大夫,留司西京。	廣順三年三月	《舊五代史》卷 113《周太祖紀四》,第 1495~1496 頁。
15	郭彥欽	慶州刺史	擅加榷錢,勒歸私第。	廣順三年五月	同上卷,第 1496 頁。
16	常思	宋州節度使	徵民絲四萬一千四百兩,請徵入官,移鎮青州。	同上	同上。
17	李溫美	衛尉少卿	奉使祭海,便道歸家,貶房州司戶參軍。	廣順三年七月	同上卷,第 1498 頁。
18	武懷贊	供奉官	盜馬價入己,棄市。	同上	同上。
19	齊藏珍	內衣庫使	奉詔脩河,安寢不動,遂至橫流,流配沙門島。	廣順三年八月	同上。
20	劉言	武安節度使、同平章事	與淮賊通連,為諸軍所廢,勒歸私第。	廣順三年八月	《舊五代史》卷 113《周太祖紀四》,第 1498 頁。
21	張建武	寧州刺史	劫奪蕃人財貨,為野雞族所逐,責授右司禦副率。	廣順三年十月	同上卷,第 1499 頁。
22	趙鳳	單州刺史	率斂部民財貨,賜死。	廣順三年十二月	《舊五代史》卷 129《趙鳳傳》,第 1705 頁。
23	王殷	鄴都留守、侍衛親軍都指揮使	多方聚斂,專橫無極,削奪官爵,長流登州,尋賜死於北郊。	同上	《舊五代史》卷 124《王殷傳》,第 1626~1627 頁。

　　周世宗柴榮亦步太祖郭威後塵,一如既往地從嚴懲處官僚隊伍中的貪虐瀆職現象。僅據《舊五代史》(中華書局點校本 1976 年版)和《資治通鑒》(中華書局點校本 1956 年版)所載,在世宗統治的近 6 年(954~959)中,有 42 名不法官吏受到懲治,詳情見下表。

表2 世宗朝懲治官員表

序號	姓 名	官 職	罪名及處置	時 間	史料出處
1	趙晁	控鶴都指揮使	勸周兵緩進,械於州獄。	顯德元年三月	《資治通鑒》卷291,第9503~9504頁。
2	鄭好謙	通事舍人	同上。	同上。	同上。
3	樊愛能	侍衛馬軍都指揮使、夔州節度使	望賊而遁,軍紀不嚴,殺之。	同上	《舊五代史》卷114《周世宗紀一》,第1514頁。
4	何徽	侍衛步軍都指揮使、壽州節度使	同上。	同上。	同上。
5	申師厚	前河西軍節度使	不俟詔離任,責授右監門衛率府副率。	顯德元年七月	同上卷,第1518頁。
6	李彥崇	前澤州刺史	高平之役,擅離守地,引兵後退,責授右司禦副率。	顯德元年八月	同上卷,第1520頁。
7	薛訓	右屯衛將軍	監雍兵倉,縱吏卒掊斂,除名,流沙門島。	顯德元年九月	同上。
8	竹奉璘	宋州巡檢供奉官、副都知	不捕獲盜掠商船,斬之。	同上	同上。
9	孟漢卿	左羽林大將軍	監納厚取耗餘,賜死。	顯德元年十月	同上卷,第1521頁。
10	赫光庭	供奉官	巡檢葉縣,挾私斷殺平人,棄市。	同上	同上卷,第1522頁。
11	劉溫叟	禮部侍郎	失於選士,放罪。	顯德二年三月	《舊五代史》卷115《周世宗紀二》,第1528頁。
12	陳渥	刑部員外郎	檢齊州臨邑縣民田失實,賜死。	顯德二年五月	同上卷,第1531頁。
13	許遜	秘書少監	假圖書隱而不還,責授蔡州別駕。	顯德二年九月	同上卷,第1533頁。
14	康澄	右散騎常侍	奉使浙中,以私停留,逾時復命,責授環州別駕。	顯德二年十月	同上。

15	史又玄	左司郎中	罪名同上,責授商州長史。	同上	同上。
16	元霸	左驍衛大將軍	罪名同上,責授均州別駕。	同上	同上。
17	林延禔	右驍衛將軍	罪名同上,責授登州長史。	同上	同上。
18	李知損	右諫議大夫	妄貢章疏,斥讟貴近,及求使兩浙,配流沙門島。	同上	同上。
19	馬從贇	殿中監	吞沒外孫女貲產,免官。	顯德三年正月	《舊五代史》卷 116《周世宗紀三》,第 1539 頁。
20	康儼	前濟州馬軍都指揮使	坐橋道不謹,斬之。	顯德三年二月	同上卷,第 1541 頁。
21	楊昭儉	御史中丞	鞫獄失實,停任。	顯德三年六月	同上卷,第 1548 頁。
22	趙礪	知雜侍御史	同上。	同上	同上。
23	張糺	侍御史	同上。	同上	同上。
24	劇可久	太僕卿	舉官不當,停任。	顯德三年八月	同上卷,第 1549 頁。
25	王敏	工部侍郎	坐薦子婿陳南金為河陽記室,停任。	同上	同上。
26	郭令圖	舒州刺史	棄郡逃歸,責授虢州教練使。	顯德三年十月	同上卷,第 1550 頁。
27	趙守徽	右拾遺	醜行為妻父所訟,杖一百,配沙門島。	同上	同上。
28	韓倫	前許州行軍司馬	干預郡政,掊斂,奪官,配沙門島。	顯德四年三月	《舊五代史》卷 117《周世宗紀四》,第 1558 頁。
29	孫延希	內供奉官	修殿,暴虐役夫,斬之。	顯德四年四月	同上。
30	董延勳	御廚使	罪名同上,停職。	同上	同上。

31	張皓	御廚副使	同上。	同上	同上。
32	盧繼昇	武德副使	同上。	同上	同上。
33	侯希進	密州防禦副使	不奉旨檢夏苗，斬之。	顯德四年五月	同上卷，第1559頁。
34	齊藏珍	濠州刺史	聚斂，棄市。	顯德四年六月	同上卷，第1560頁。
35	武行德	前徐州節度使、檢校太師、兼中書令	償軍，責授左衛上將軍。	顯德四年七月	同上。
36	李繼勳	前河陽節度使	因壽春南砦之敗，責授右衛大將軍。	同上	同上。
37	符令光	左藏庫使	不及時辦理軍需，斬之。	顯德四年十月	同上卷，第1562頁。
38	劉濤	右諫議大夫	選士不當，責授右贊善大夫。	顯德五年三月	《舊五代史》卷118《周世宗紀五》，第1571頁。
39	趙礪	太常博士、權宿州軍州事	坐推劾弛慢，除名。	顯德五年四月	同上卷，第1572頁。
40	武懷恩	楚州兵馬都監	擅殺降軍四人，棄市。	顯德五年十二月	同上卷，第1576頁。
41	張順	楚州防禦使	在任隱落榷稅錢五十萬、官絲綿二千兩，賜死。	同上	同上。
42	王德成	右補闕	舉官不當，責授右贊善大夫。	顯德六年二月	《舊五代史》卷119《周世宗紀六》，第1580頁。

　　以上述官員被處治的罪名而論，按其性質大致可歸納為如下幾種：貪贓聚斂型、舉官不當型、冒犯皇威型、訴訟不直型、渙散軍紀型等，依此以被懲治官員罪名的主要性質為依據，則可將表1和表2合為下表。

表 3　太祖、世宗兩朝懲治官員的類型劃分統計表

		貪贓聚斂型	舉官不當型	冒犯皇威型	訴訟不直型	渙散軍紀型
太祖朝	表一序號	6～9、11、13、15、16、18、22		1～5、12、14、17、19、23		10、20、21
	合計	10人；被處死者4人（9、11、18、22）		10人；被處死者2人（1、23）		3人
世宗朝	表二序號	7、9、13、19、28～32、34、41	11、24、25、27、38、42	8、12、14～18、33、37	10、21～23、39	1～6、20、26、35、36、40
	合計	11人；被處死者4人（9、29、34、41）	6人	9人；被處死者4人（8、12、33、34）	5人；被處死者1人（10）	11人；被處死者4人（3、4、20、40）

考察懲治官員的史實，不難看出，上述行為實質上是太祖、世宗嚴懲貪殘、選賢任能、澄清吏治、公正司法、整頓軍隊等政治改革的具體化，一定程度上更可被視為其時政治改革活動的縮影。關於後周太祖、世宗改革的研究，既往成果多有涉及，此處不贅。需要指出的是，這場改革運動，就發動者的主觀意圖而言，仍在於穩固江山社稷，但客觀上則啟動了「由亂而治」的歷史航程，「為北宋開國奠定基礎」〔註4〕。而吸引筆者目光和思考的問題則在於，若定位於政治層面，這種深遠的歷史意義是基於何種若干具體動機的實現而最終達至的呢？對這一問題的解答，或許有肋於明晰五季宋初政治運行的軌跡。

值得一提的是，後周太祖、世宗懲治官員雖不遺餘力，但也並未能超脫於特定的歷史條件。由於權力運行的制度性缺陷的存在，使得帝王的絕對支配權力本身不會受到任何約束性機制的制約，成為客觀事實，於是賞罰任情的主觀性和隨意性亦就不可避免。即使雖在被視作「十世紀中葉中國統一事業的奠基者和開始執行者」〔註5〕的柴榮身上，也同樣可以看到因權力不受節制而產生的行為上的偏差。與世宗御法從嚴形成鮮明對照的是，以其生父柴

〔註4〕《五代史略》，第298頁。
〔註5〕《柴榮》，第73頁。

守禮為首的「十阿父」胡作非為,「帝知而不問」〔註6〕;起居郎陶文舉徵殘租,濫用酷刑,「物議以為不允」〔註7〕,卻也未見世宗有何懲罰。但這種因制度缺陷而導致的有限事例,是我們不應苛求於古人的,它們也不至於能構成後人評議後周改革時的主導性要素。確切地說,上述大量的懲官事實,代表著這一時期的主流。

二、懲治官員的動機分析

受制於特定的社會歷史條件下的人們的行為,總是要服從於一定的目的,而這種目的的形成又來源於對現實問題的思考,最初又表現為驅使人們開展行為的動機。太祖、世宗懲治官員的活動前後相繼,這種行動的背後,自然隱含太祖、世宗對晚唐以來的現實困境進行思索之餘,力求改變政治現狀而提出的應對之道。故而,透視前述懲治官員的具象,從中析出支配太祖、太宗行為的理念,然後據此來理解當時政治改革所面臨的矛盾與問題、壓力與挑戰,無疑有助於客觀審視 10 世紀下半葉政治運行的總體方向。

懲治官員的動機至少包括以下三方面:其一,對貪贓聚斂者和蔑視皇權者的懲戒,基於重建專制主義的需要;其二,對渙散軍紀者的治理,源於抑制武夫悍卒的情勢;其三,對選官不當和訴訟不直者的處治,則道出重用文士的心聲。

1. 重樹皇威,再構君統

自唐末以來,「強臣擅兵以思篡奪者相沿成習,無有寧歲久矣」〔註8〕,「蓋所謂天子者,強則得之,弱則失之」〔註9〕。傳統的君臣等級秩序的界線至是漸被淆亂,誠如陳垣先生所說:「藩鎮割據,名為君臣,實同敵國。其力足以相抗則倨,不足以相抗則恭,固不知有君臣之分也。」〔註10〕因而權臣擺弄人主的事例比比皆是。後漢隱帝時,「楊邠、史弘肇斥其主以噤聲,而曰

〔註6〕 (宋)司馬光:《資治通鑒》卷 293,後周世宗顯德四年三月,中華書局點校本 1956 年版,第 9568 頁。

〔註7〕 (宋)薛居正等:《舊五代史》卷 115《周世宗紀二》,中華書局點校本 1976 年版,第 1536 頁。

〔註8〕 (清)王夫之:《讀通鑒論》卷 30《五代下》,中華書局點校本 1975 年版,第 1080 頁。

〔註9〕 《讀通鑒論》卷 30《五代下》,第 1084 頁。

〔註10〕 陳垣:《通鑒胡注表微》,《勸誡篇》第十,遼寧教育出版社 1997 年版,第 150 頁。

『有臣等在』」〔註11〕。太祖郭威即位之初，君臣關係錯位的情況依然如故。面對王峻咄咄逼人的脅迫，太祖曾在大臣前流淚抱怨：「無君如此，誰則堪之！」〔註12〕及至五代末年權臣還能如此要挾皇帝，欺凌王權，原因乃是「君臣之倫，至此而滅裂盡矣」〔註13〕。對於唐末以來皇權衰弱的狀況，王夫之的認識是，「人主之速趨於亡者，皆以姑息養強臣而倒授之生殺之柄，非其主剛毅過甚而激之使叛也」〔註14〕。確為不虛之言。

值此之際，恢復正常的統治秩序，重塑君主權威，強化皇權的神聖地位，已成確保後周政權長治久安的不二選擇。鞏固皇權的實質亦即確立君主專制，揆諸歷史事實，後周太祖、世宗改變「君弱臣強」積習，重構君主專制統治的努力，體現在對聚斂貪贓型和冒犯皇威型官員的懲治上。

首先，懲貪是將權力收歸於皇帝手中的入手處。貪污，究其實是官員利用所掌握的政治權力攫取份外的經濟利益，根源在於權力支配一切的特點和專制主義中央集權的官僚制度。五代時期，「藩侯牧守，下迨臺吏，罕有廉白者，率皆掊斂剝下，以事權門」〔註15〕。官僚群體中普遍流行的濫用權力撈取物質利益的現象，必然會有損於皇權威力的顯現，導致皇權不振。故而，為加強皇權，培養官僚集團效忠皇權的意識，以懲貪為契機，後周太祖、世宗兩朝先後處治了21名貪官，而其中被治死罪者有8人，占這類群體的近40%。

太祖懲貪治殘，態度堅決。葉仁魯本「帝之故吏」，因貪贓獲罪，郭威不念故舊之情，予以賜死，刑前遣使饋以酒食曰：「汝自抵國法，吾無如之何！」〔註16〕決心之大，可見一斑。而在中國傳統皇權制的政治模式之下，法律從來都是君主個人意志的產物，是君主權力干預現實生活秩序的實在化。郭威維護「國法」的意義，在於將皇權引向獨斷的路途。太祖時期被懲的10名贓官中，被斬者多達4人。

世宗也極為憎恨官吏的貪贓行為，認為「親民之官，贓狀狼藉，法當處死」〔註17〕。即位後，繼續查處官僚隊伍中的貪虐行為，在11名被查實的官

〔註11〕《讀通鑑論》卷30《五代下》，第1081頁。
〔註12〕《資治通鑑》卷291，後周太祖廣順三年二月，第9493頁。
〔註13〕《讀通鑑論》卷29《五代中》，第1036頁。
〔註14〕《讀通鑑論》卷30《五代下》，第1070頁。
〔註15〕《舊五代史》卷59《袁象先傳》，第797～798頁。
〔註16〕《資治通鑑》卷291，後周太祖廣順三年正月，第9489頁。
〔註17〕《舊五代史》卷114《周世宗紀一》注引《國老談苑》，第1509頁。

員中有 4 人被處以死刑。在這種高壓政策的打擊下，各級官吏的貪贓行為多少會有所收斂，更重要的是重新樹立了君主的威嚴，皇帝對臣僚的控制力愈加嚴密。

其次，郭威、柴榮對來自於元勳豪帥、功臣佐吏藐視皇權的挑戰，更是毫不手軟，輕則貶官，重則誅殺。藐視皇權的行為，無疑是重樹君主權威所必須逾越的障礙。據表 3 統計，後周太祖、世宗兩朝直接因冒犯皇威而遭受處罰的官吏多達 19 人，占同時期被懲治官員全體的近 1/3，而處以極刑的竟有 6 名之多，其比例又大體接近因同一罪名而被罰者總數的 1/3。在所有這些對皇權不恭者的懲戒中，尤為值得一提的是公然挑釁皇權、覬覦皇位的佐命元勳王峻、王殷，在太祖時期受到了應有的懲罰。史載，王峻欺凌君主，驕矜任性，結黨弄權；「（王）殷有震主之勢」〔註 18〕，專橫無極，睥睨皇威，在所有觸犯聖命者中這兩人最具代表性。前者被太祖貶授為商州司馬，未幾而卒；後者更未能避免在太祖授意下被賜死的結局。權臣凌駕於皇帝之上，頤指氣使，操縱國是的弊端，由是稍息。世宗一朝因同類罪名而被懲治的官員中，已不再有人敢於肆無忌憚地要挾、凌逼皇帝。

世宗對強臣與君主權力間的相互消長關係，有著較為清醒的認識，「常言太祖養成王峻、王殷之惡，致君臣之分不終」〔註 19〕，故而更加注重樹立皇權的無上尊嚴。世宗在位不足 6 年，因冒犯皇威而獲罪者雖有 9 人之眾，反映出的事實儘管仍是對皇權的不恭，但似抗旨不遵者居多（據表 2，至少可明確知道，序號 8、12、14～17、33、37 所表示的 8 人即屬此類），強臣權力顯然已遭到了較大的遏制，這當然也就為專制權力的重建鋪平了道路。世宗在位時期，即已形成「政事無大小皆親決，百官受成於上」〔註 20〕的局面。

對於世宗用法，後世史家多有詬病，認為其「用刑失於太峻」〔註 21〕，過於嚴刻，「群臣職事小有不舉，往往寘之極刑，雖素有才幹聲名，無所開宥，此其所短也」〔註 22〕。此論固然不無道理，但從重樹君主威嚴的角度看，世

〔註 18〕《舊五代史》卷 124《王殷傳》，第 1627 頁。
〔註 19〕《資治通鑑》卷 294，後周世宗顯德六年六月，第 9602 頁。
〔註 20〕《資治通鑑》卷 292，後周太祖顯德元年五月，第 9517 頁。
〔註 21〕《舊五代史》卷 119《周世宗紀六》「史臣曰」，第 1587 頁。
〔註 22〕（宋）洪邁：《容齋續筆》卷 4《周世宗》，載《容齋隨筆》，中華書局點校本 2005 年版，第 259 頁。

宗實是有意為之，其手法、意圖與太祖郭威一脈相承。

2. 整肅軍紀，挫抑武夫

晚唐伊始，驕帥悍卒漸次演變為政治生活中的絕對主宰，「守宰者皆武夫，率以兵戈為急務」〔註 23〕。而「藩鎮既蔑視朝廷，軍士亦脅制主帥」〔註 24〕，「位樞密、任節鎮者，人無不以天子為可弋獲之飛蟲」〔註 25〕，乃至於天子「兵強馬壯者為之」〔註 26〕。而軍士又因擁有廢立之權，劫奪剽掠之風甚熾，「更無紀極」〔註 27〕。整肅軍紀乃成為後周不至淪為又一個「乍成而旋敗」政權的基本保障。

太祖、世宗在軍隊的整頓方面均採取過措施，相較之下，世宗整軍的影響尤為深遠。表 3 顯示，在渙散軍紀而被懲治的官員在太祖時期僅有 3 名，而至世宗時期則激增至 11 人，被施以極刑者竟達 4 人。

世宗整軍始於高平戰役前後。根據表 2 所示，先有趙晁、鄭好謙因有畏敵情緒，被械於州獄；繼有樊愛能、何徽因臨陣脫逃，被處斬；又有李彥崇因擅離守地，致使北漢主逃歸，經追究終被貶授。經過高平整軍之後，「自是驕將惰卒始知所懼，不行姑息之政矣」〔註 28〕。宋人陶岳亦道：「世宗患諸將之難制也久矣，思欲誅之，未有其釁，高平之役，可謂天假，故其斬決而無貸焉。自是姑息之政不行，朝廷始尊大。」〔註 29〕王夫之則以為圍繞高平之戰所進行的整軍，是由亂而治的樞紐之所在，所謂「百年以來，飛揚跋扈之氣習為之漸息」〔註 30〕，「於是主乃成乎其為主，臣乃成乎其為臣……中國乃成乎其為中國」〔註 31〕。以上諸論，大體是公允的。

〔註 23〕 （宋）文瑩：《玉壺清話》卷 9《李先主傳》，中華書局點校本 1984 年版，第 87 頁。

〔註 24〕 （清）趙翼撰，王樹民校證：《廿二史劄記校證》卷 21《五代諸帝多由軍士擁立》，中華書局 1984 年版，第 467 頁。

〔註 25〕 《讀通鑒論》卷 30《五代下》，第 1088 頁。

〔註 26〕 （宋）歐陽修：《新五代史》卷 51《安重榮傳》，中華書局點校本 1974 版，第 583 頁。

〔註 27〕 《廿二史劄記校證》卷 21《五代諸帝多由軍士擁立》，第 466 頁。

〔註 28〕 《資治通鑒》卷 291，後周太祖顯德元年三月，第 9507 頁。

〔註 29〕 （宋）陶岳：《五代史補》卷 5《世宗誅高平敗將》，五代史書彙編本，第 5 冊，杭州出版社點校本 2004 年版，第 2527 頁。

〔註 30〕 《讀通鑒論》卷 30《五代下》，第 1089 頁。

〔註 31〕 《讀通鑒論》卷 30《五代下》，第 1093 頁。

世宗在高平之戰中，曾親臨前線，對軍隊的瞭解極為深刻，特別是對「已成為統治者的腹心之患、經常變起肘腋」〔註32〕禁軍之驕橫和無能，有了切身的感受。他認為，五代以來，「宿衛之士，累朝相承，務求姑息，不欲簡閱，恐傷人情，由是羸老者居多；但驕蹇不用命，實不可用，每遇大敵，不走即降，其所以失國，亦多由此」〔註33〕。在這種認識的驅使下，世宗開始著手對禁軍的整編工作（此不在本文論述之列，不冗）。當然，真正弭平禁軍之患最終是由宋太祖趙匡胤完成的，但周世宗柴榮畢竟已將整編禁軍的工作提上了議事日程，應該說為宋初徹底解決近百來困擾中央政府的禁軍問題，提供了有益的借鑒。

世宗不僅注意到禁軍的整改，即便是對鎮軍的將領也督促甚嚴，表2中的申師厚、康儼、武行德、李繼勳、武懷恩均因觸犯軍紀，或被貶職，或被處斬。在這種重典威力的震懾之下，武夫的強勢勢力漸趨沉淪，士卒目無軍紀的情形自然也會有一定改變。

3. 優容文臣，重用士人

在「毒手尊拳，交相於暮夜；金戈鐵馬，蹂踐於明時」〔註34〕的五代時期，文人長期仰武人鼻息而唯唯諾諾，書生斯文掃盡，百無一用，所謂「安朝廷，定禍亂，直須長槍大劍，至如毛錐子，焉足用哉」〔註35〕！在這樣一個尚武鬥勇的時代，士人境遇極為悲慘，難怪清代學者趙翼慨歎：「士之生於是時者，縶手絆足，動觸羅網，不知何以全生也。」〔註36〕士人歷來被視為專制王權發揮影響力的中介環節，缺乏士人的積極支持，專制王權對國家的統治則難落到實處。有鑑於此，後周太祖、世宗竭力抬高文人的地位，以與武夫相抗衡，力圖實現皇權對整個官僚隊伍的控制。前述懲官的若干事實，亦從側面折射出重用文臣的信息。

太祖郭威強調「帝王之道，德化為先」〔註37〕，在被懲治的23名官員中，文臣雖多達13人，而僅有馬彥勛、陳守愚、武懷贊等3人因罪重見誅，餘人多被貶職或解官。這種優容文臣的政策更張了前朝不重用士人的極端做法，

〔註32〕張其凡師：《宋初兵制改革初探》，《暨南學報》1989年第4期。
〔註33〕《資治通鑒》卷292，後周太祖顯德元年十月，第9507頁。
〔註34〕《新五代史》卷28《李襲吉傳》，第311頁。
〔註35〕《舊五代史》卷107《史弘肇傳》，第1406頁。
〔註36〕《廿二史箚記校證》卷22《五代幕僚之禍》，第476頁。
〔註37〕《舊五代史》卷110《周太祖紀一》，第1460頁。

也激發了士人汲汲功名，居官從政，效忠王朝的精神追求。史載，太祖時期，文臣逐漸進入中樞要塞，參與軍國大政，李穀、范質、魏仁浦「乃得以文臣銜天憲制閫帥之榮辱生死」〔註38〕。「文臣銜天憲」正代表著君主的絕對權威，文臣在國家政治生活中的地位呈現出超越武將的苗頭。廣順二年（952）五月，太祖還嘗試以文臣主州郡，「詔端明殿學士顏衎權知兗州軍州事」〔註39〕，至宋乃成定制。郭威倡文教，重文臣，開一代風氣之先。對於這種轉捩，王夫之的評價是，「蓋郭氏懲武人幕客之樵蘇其民而任其荒穢，標培克之成格以虐用之於無涯。於是范質、李穀、王溥諸人進」〔註40〕，「嗣是而王樸、竇儀得以修其文教，而宋乃因之以定一代之規」〔註41〕。

世宗一朝被懲治官員總計42人，從職務看有27名文臣遭到了處罰，也僅有竹奉璘、郝光庭、陳渥3人伏屍刀下，在所有14名被誅官員中只占不到1/4，遠較對武夫的處罰為輕。再者在因舉官不當和訴訟不直而被治罪的11名文職官員中，惟有「挾私斷殺平人」的郝光庭被棄市，這就更不能與武夫被誅殺人數相提並論了。據此，世宗優待文士之心昭然若揭。

世宗亦頒布重用文臣的政策，曾詔曰：「文武百僚所請俸給，支遣之時，非唯後於諸軍，抑亦又多折估，豈均養之理邪！如其有過，朕不敢私，責重俸薄，甚無謂也！此後並宜支與實錢。」〔註42〕並曾於顯德元年（954）三月、顯德四年（957）六月、八月和顯德五年（958）五月多次下詔求賢，〔註43〕期盼士人參與政治。在這種對士人極具向心力政策的感召下，士人開始積極參與朝政，評議國是，而王樸、王溥、李穀、范質、魏仁溥、鄭仁誨等人，更是分別在周世宗朝的政治活動舞臺上扮演著重要角色，為世宗政治抱負的實現起到積極的推動作用。歐陽修對此極為推崇，說周世宗時期，「方內延儒學文章之士，考制度、脩《通禮》、定《正樂》、議《刑統》，其制作之法皆可施於後世」〔註44〕。

發端於後周太祖、世宗時期的重視文教的政策，至宋初更演進成「以文

〔註38〕《讀通鑑論》卷30《五代下》，第1080頁。

〔註39〕《舊五代史》卷112《周太祖紀一》，第1481頁。

〔註40〕《讀通鑑論》卷30《五代下》，第1085頁。

〔註41〕《讀通鑑論》卷30《五代下》，第1086頁。

〔註42〕《冊府元龜》卷508《邦計部‧俸祿四》，第6100頁。

〔註43〕分見《舊五代史》卷114《周世宗紀一》、卷117《周世宗紀四》、卷118《周世宗紀五》，第1512、1560、1561、1573頁。

〔註44〕《新五代史》卷12《周本紀》，第125頁。

治國」的國策。前賢探討該問題的成果極豐，若以宋太祖、太宗「重文抑武」的內容而言，張其凡師的梳理尤為詳贍完備，〔註45〕本篇不擬再論。

三、結語

由上可見，周太祖、世宗的懲官在清除晚唐以來的秕政，實現政治的清明化等諸多方面，都是有著一定的積極效果的。然而，其意義還並不僅限於此，放寬歷史的視界，在北宋初年宋太祖、太宗政治改革的若干舉措中，同樣能發現指導後周太祖、世宗改革思路的延續和進一步拓展。並且，這種一脈相承的理念，又通過各種相同或相似的政治行為表現出來，如宋初的肅貪立制、削奪兵權、右文政策等，實際上與後周的改革措施始終保持著高度的一致性。因此，筆者認為五季宋初四位君主（後周太祖、世宗；北宋太祖、太宗）的政治改革活動，因為其間貫穿著相通的內在邏輯，從而構成為一個環環相扣的政治演進整體。也正是在這種有著相同理念、前後相繼，持續近半個世紀改革聲浪的有力推動下，中國社會的歷史航向才被重新矯正，專制主義中央集權大一統帝國的建立，才重新成為可能和現實。追根溯源，後周太祖、世宗通過懲官所折射出的改革動機，理應成為理解這一時代政治運行情況的重要題材。

原載於張其凡師主編：《歷史文獻與傳統文化》第十集，
蘭州大學出版社 2003 年版

〔註45〕參見張其凡師：《趙普評傳》，北京出版社 1991 年版；《宋太宗》，吉林文史出版社 1997 年版。

談談高氏荊南國史研究[註1]

　　五代十國，干戈相尋，群雄競逐，裂土為王。後梁開平元年（907），高季興（本名季昌，後唐莊宗即位，避其祖李國昌名諱而更名）以荊南兵馬留後擢升節度使，潛有割據之志，荊南政權始此。稍晚，季興先後分別為後梁、後唐和楊吳進封渤海王、南平王和秦王；死後，又為後唐追封為楚王，荊南高氏「傳襲四世五帥，至宋乾德改元，國除，凡五十七年」[註2]。然終未嘗稱帝建號，此政權被後世史家目為南方九國之一，史書亦稱之為「南平」或「北楚」。

　　荊南政權據有荊州（治今江陵）、峽州（治今宜昌）、歸州（治今秭歸），[註3]而下轄 17 縣（此為 963 年入宋時版圖），[註4]以今湖北江陵為統治中心，是五代十國時期湖北地區內部的區域性割據政權。荊南因處戰略要衝之地，政治、軍事地位突出，自唐後期以來就一直陷於兵連禍連之中，逮高季興奄有其地，漸以獨立姿態出現在五代十國風雲激蕩之歷史舞臺。值此之時，湖北地區能從中部崛起，既受南方經濟迅猛發展的拉動，又與高氏荊南政權的恢復、發展措施密不可分，藉此而為湖北經濟文化水平的全面提升奠定歷

〔註1〕與先師張其凡教授合撰。
〔註2〕（清）吳任臣：《十國春秋》卷 101《荊南二·侍中繼沖》，中華書局點校本1983 年版，第 1453 頁。
〔註3〕（宋）歐陽修：《新五代史》卷 60《職方考》，中華書局點校本 1974 年版，第728 頁。
〔註4〕（宋）李燾：《續資治通鑒長編》卷 4，乾德元年二月壬辰，中華書局點校本2004 年版，第 85 頁。

史條件，亦為本地經濟文化的後續開發提供了歷史智慧和資源。然迄今為止，學界關於高氏荊南政權的研究成果尚不夠全面深入，致使湖北開發史整體面貌的勾勒尚有缺環。為深度挖掘歷史資源以服務於當代湖北經濟、文化建設，本文擬就高氏荊南國的研究前史、研究緣起及意義、內容與思路等問題，略談一些粗淺看法，一併求教於學界同好。

一、研究前史回溯

在中國斷代史研究中，五代十國史研究相對薄弱，關於高氏荊南國的探究則更為稀少，僅有的幾部專著，如陶懋炳《五代史略》（人民出版社 1985 年版）、鄭學檬《五代十國史研究》（上海人民出版社 1991 年版）、張其凡《五代禁軍初探》（暨南大學出版社 1993 年版）、武建國《五代十國土地所有制研究》（中國社會科學出版社 2002 年版）、任爽主編《十國典制考》（中華書局 2004 年版）等均對此題著筆甚少。沈起煒《五代史話》（中國青年出版社 1983 年版）與卞孝萱、鄭學檬《五代史話》（北京出版社 1985 年版），為體裁與形式所限，僅言其概貌。而在區域斷代史研究中，李文瀾《湖北通史・隋唐五代卷》（華中師範大學出版社 1999 年版）中有「五代十國時期的荊楚地區」一節，因受篇幅所限，稍欠具體詳盡。此外涉及歷史時期湖北地區經濟開發研究的論著，如黃惠賢、李文瀾主編《古代長江中游的經濟開發》（武漢出版社 1988 年版）、牟發松《唐代長江中游的經濟與社會》（武漢大學出版社 1989 年版）、陳鈞等主編《湖北農業開發史》（中國文史出版社 1992 年版）、梅莉《兩湖平原開發探源》（江西教育出版社 1995 年版）、魯西奇《區域歷史地理研究：對象與方法——漢水流域的個案考察》（廣西人民出版社 2002 年版）、魯西奇等《漢水中下游河道的變遷與堤防》（武漢大學出版社 2004 年版）等，雖與本題有涉，但均非論述高氏荊南的專著。不惟如是，相關專題論文也極為少見。正因如此，高氏荊南時期政治、經濟、文化的發展，乃至歷史地位以及在湖北開發進程中所發揮的歷史作用仍需逐步探索。

與此相對應的是，近年來圍繞五代十國時期地方性割據政權的專史卻迭有所見，如楊偉立《前蜀、後蜀史》（四川社會科學出版社 1986 年版）、諸葛計等《閩國史事編年》（浙江古籍出版社 1989 年版）、任爽《南唐史》（東北師範大學出版社 1995 年版）、諸葛計等《吳越史事編年》（福建人民出版社 1997 年版）、徐曉望《閩國史》（臺灣五南圖書出版有限公司 1997 年版）、鄒

勁風《南唐國史》（南京大學出版社 2000 年版）、福建五代閩國三王文物史蹟修復委員會編《閩國史匯》（暨南大學出版社 2000 年版）、杜文玉《南唐史略》（陝西人民教育出版社 2001 年版）、何勇強《錢氏吳越國史論稿》（浙江大學出版社 2002 年版）、羅慶康《馬楚史研究》（湖南人民出版社 2004 年版）等，均是以同時期川渝、江浙、蘇皖、湖湘等地的南方割據政權而撰寫的專著。此類成果極大豐富了地方斷代史的研究，有益於地方傳統文化資源的整理與開發，也為同類課題的確立提供了範例。湖北省是中部地區的教育大省、文化大省和旅遊大省，極有必要挖掘本地區的歷史資源，補上高氏荊南政權這一缺環。

二、研究緣起及意義

史載，荊南「地狹兵弱，介於吳、楚為小國」，高氏父子不以屈節為恥，四向稱臣，故「諸國皆目為『高賴子』」〔註5〕。在史家的這種正統觀念偏見之下，高氏荊南國史的研究長期以來未能引起學界足夠的注意。實際上，荊南處於南唐、楚、蜀和中原之間，在夾縫中求生存，攔劫過往商旅，固為不恥，「但從自存角度看，高氏父子確有權術，善於利用矛盾，以維護自己的統治」〔註6〕。五代史專家陶懋炳先生的看法是：「『賴子』為王，割據一隅，傳之四世，歷時數十年，看來是滑稽可笑的事。其實，這不過是分裂割據下出現的特殊情況而已。」單靠諸方「平衡」，劫奪財物、騙取賞賜是無法自存的，「史籍斥言其無賴，極嘲笑之能事，忽視了它賴以存在的主要條件，顯係正統觀念的偏見」〔註7〕。鄭學檬先生曾說，荊南處四戰之地，「環境複雜，政局穩定與否主要取決於高氏本身的對策是否得當」〔註8〕。而高氏父子享國 50 餘年，個中原因確乎值得深究。學界予此已有探討，陶懋炳先生認為是保境息民，恢復生產。〔註9〕沈起煒先生則以為，荊南高氏不耽於享樂，「荊南經濟全靠南北通商，政治生命全靠同人家搞好關係」，為其生存之本。〔註10〕曾國富先生的研究表明，與中原王朝長期的密切關係，與四鄰的和睦相處，堅

〔註5〕 （宋）歐陽修：《新五代史》卷 69《南平世家》，第 859 頁。
〔註6〕 卞孝萱、鄭學檬：《五代史話》，北京出版社 1985 年版，第 11 頁。
〔註7〕 陶懋炳：《五代史略》，人民出版社 1985 年版，第 177 頁。
〔註8〕 鄭學檬：《五代十國史研究》，上海人民出版社 1991 年版，第 14 頁。
〔註9〕 《五代史略》，第 177 頁。
〔註10〕 沈起煒：《五代史話》，中國青年出版社 1983 年版，第 109 頁。

固的城防，重視、重用人才，是荊南政權能在列國夾縫中立足的主要原因。
〔註11〕還有學者指出，「從外部條件看，唐末五代形成的分裂割據勢力還相當
強大，在一定時期內統一的條件尚未形成」；從內部原因來看，荊南高氏政權
「尚能招致人才、知人善任、聽忠納諫；在境內又能保境息民，這是它能生
存一個時期的政治條件」〔註12〕。以上諸家所言其是公允，此亦是澄清「『賴
子』為王」的歷史真相、評判高氏荊南政權所取的基本尺度。

有鑑於此，從事高氏荊南國史研究極有必要，原因在於：

首先是形成對湖北開發史整體認識的重要環節。如前所述，從湖北開發
史研究的既有成果來看，學界關於五代十國時期高氏荊南政權的研究仍極為
有限，亟待彌補。

其次是挖掘歷史資源、產業資源和文化資源以服務於當前湖北經濟文化
建設的客觀需要。唐末以降，本地雖屢經戰火沖刷，以至於「（高）季昌到官，
城邑殘毀，戶口凋耗」〔註13〕，然高氏父子奮發作為，保境安民，經濟漸見
恢復和發展，農業生產、商貿活動處於穩步上升的態勢中。而從產業資源看，
其時荊南之茶、柑橘等經濟作物質量優良，素有盛譽，一直是對中原王朝的
上貢品；草市鎮增多，商業貿易活動頻繁，特別是勃興的沙頭市迅即躍升為
長江中游的又一商業都會；荊南位於江漢平原腹心，自唐末即為中原王朝財
賦的中轉孔道，是閩、南漢、楚進貢中原的必經之地，因此隨著南北物資交
流規模的擴大，荊南作為交通樞紐的地位日益凸顯。凡此種種，無不表徵著
其時荊南經濟良好的發展勢頭。而荊南政權審時度勢，力挽唐末以降本地經
濟發展頹勢，充分利用本地資源發展經濟的各種舉措及思路，當有益於今人
為復興本地經濟做出理性思考。即使僅從當前文化建設視角看，今存高氏政
權之眾多足跡（如荊州城牆、「高氏堤」「高氏井」等），也是極應珍惜的文化
遺產，值得保護、修繕和開發。

再次是理解高氏荊南政權在全國從分裂邁向統一過程中獨特地位的需
要。處於四戰之地的高氏荊南政權，北有中原王朝，東向繼有吳、南唐，南有

〔註11〕 曾國富：《五代南平史三題》，《中國史研究》1996 年第 1 期。
〔註12〕 李文瀾：《湖北通史·隋唐五代卷》，華中師範大學出版社 1999 年版，第 407
　　　　～408 頁。
〔註13〕 （宋）司馬光：《資治通鑒》卷 266，後梁太祖開平元年五月，中華書局點校
　　　　本 1956 年版，第 8680 頁。

馬楚，西向迭有前、後蜀，拘於一隅之地而能在複雜動盪的軍事鬥爭中存在半個世紀之久，該政權實際上起著平衡各種勢力、緩衝不同軍事集團對抗的作用。一旦維繫這種均勢的力量平衡被打破，荊南政權即被統一大潮所淹沒。對此，正如研究者所已指出，控制湖北成為統一與分裂天平的一個決定性的因素。〔註 14〕以此為出發點，客觀揭示荊南政權在五代嬗遞、十國紛爭格局各不同階段所發揮的獨特功能，明瞭其在全國統一進程中至關重要的作用，庶幾方能對荊南政權的歷史地位做出準確評價。

最後是從區域發展史的角度理解唐宋變革期學說的有益嘗試。唐宋變革期在經濟層面上的一個主要表現便是商品經濟的崛起，從經濟角度審視，荊南政權之傳統農業經濟母體內商品經濟成分的顯著增多，商貿活動的內容和對象較之此前的長足突破，以南北通商為維繫政權之國策，可謂已盡顯商貿立國的初始形態。此點對於深化唐宋變革的認識極有幫助。

基於上述理解，從事高氏荊南國史研究的意義可簡單概括為：其一，探明本地區經濟、文化發展的條件、進程和實績，以及高氏荊南政權作為平衡南北力量政治鬥爭調節器的特殊地位，彌補既往湖北地方研究的不足。其二，努力挖掘此特定歷史時段地方自然資源（如茶葉、柑橘等經濟作物）、文化資源，尋找歷史智慧，服務於當前湖北經濟迅速崛起和文化再度繁榮的客觀需要。特別是強調深入認識本地產業品牌、便利的交通、豐富的水域等經濟資源在拉動整個經濟發展過程中的基礎性作用。其三，以唐宋變革期學說為指導，將荊南政權與南北政權的互動關係置於唐宋之際歷史演進的總體框架中予以考察，切實增進五代十國時期「表面上亂，實質是變」（熊德基語）〔註 15〕，「亂而後治，治中有亂」〔註 16〕等精賅之論的理解，並將之落實到高氏荊南政權的歷史實際中去。

三、研究內容與思路

依筆者目前的認識來說，所形成的關於本課題的主要觀點有：第一，高氏荊南政權是五代中原王朝與南方諸國之間力量制衡的樞紐，是各種勢力交鋒的緩衝地帶，其存在與否直接關係到南方各國的安危存亡。第二，高氏荊

〔註 14〕 王賡武著，趙鴻昌譯：《長江中游地區在唐代的政治地位》，《研究集刊》1985
年第 1 期。轉引自《湖北通史・隋唐五代卷》，第 403 頁。
〔註 15〕 《五代史略》「前言」，第 7 頁。
〔註 16〕 《五代十國史研究》，第 13 頁。

南政權對本地的經濟文化開發，適應了晚唐以降經濟文化重心南移的大勢，積極促進了宋元明清時期湖北地區的開發進程。第三，荊南地處南北要衝，是其時南北經濟文化交流與融合的重鎮，經濟文化方面的進步輻射、滲透於周邊地區。第四，荊南高氏父子的種種政治作為順應了歷史發展的潮流，有利於本地的恢復與發展。第五，高氏荊南政權的存亡興衰又受制於相鄰勢力的伸縮消漲，只有中原王朝強大到足以有能力建立統一王朝時，荊南政權才會退出歷史舞臺。上述認識又統一於荊南地區在全國政治、經濟、文化發展格局中不容忽視的歷史地位。

　　與此相聯繫，本課題的研究內容初步圈定於下述方面：（1）荊南政權興亡的歷史條件和原因分析（含政治、經濟、文化資源的全面考察）；（2）荊南政權對本地區經濟文化開發的具體內容和深度；（3）荊南政權的內政外交與南方諸國的比較研究；（4）荊南政權與南方政局變動；（5）荊南政權內士人群體的歷史作用分析；（6）荊南的滅亡與宋初的統一。在展開對上述問題的分析時，重點在於把握五代十國的歷史演進趨勢，將荊南政權的興亡與唐宋之際的社會變革聯成一體予以研探，並在歷史的剖析中融入對現實的思考，在現實的思考中淘掘歷史資源，以為振興湖北的經濟文化建設服務。

　　如所周知，「五代亂世，文字不完，而史官所記亦有詳略」〔註17〕，材料的較為匱乏一直是五代史研究面臨的難題，南方割據政權研究更是如此，而傳承至今關於高氏荊南國的記載則尤其零散，加之可資借鑒的學界成果又較少，本題的研究注定無法迴避上述客觀制約。然而，歷史學研究恰恰強調對歷史信息的廣採博收，排比篩選，否則研究就會失去堅實可信的基礎，所得結論也無法經得起推敲和檢驗，故而從各種相關的歷史記述中認真爬梳所涉史料，亦是開展此項研究的前奏。縱覽史乘，可以發現，歷代傳世文獻中關涉高氏荊南國的記載主要散見於《舊唐書》《新唐書》《舊五代史》《新五代史》《冊府元龜》《資治通鑒》《宋史》《續資治通鑒長編》等史籍，相關的零碎材料則散見於宋代及其後各朝的文人文集、筆記和考證材料中。另外，宋元明清各代的方志，也間有相關記述。還有，同時期關於四鄰政權的相關記載中，也有一些反映高氏荊南國的材料。因此，筆者認為，充分利用現有傳世材料，並非絕無可能完成此項研究。由是出發，目前所形成的關於此題的研究思路，即以荊南立國歷史條件的闡述為出發點，逐一勾勒其與周邊鄰國的諸般互動

〔註17〕《新五代史》卷58《司天考》，第711頁。

行為，尤其是在經濟文化重心南移的大背景之下，探討荊南政權的政治、經濟行為所產生的實際效果。在此基礎上，分層次、分步驟地研究課題所涉問題，力求揭示荊南國的歷史全貌，並注重與其他歷史時期本地區的開發進程相比較，以便能站在歷史的高度如實描繪荊南國在五代十國整體局勢演進下所扮演的角色，進而準確把握其經濟文化發展的脈絡及特徵，填補湖北開發史上的斷裂環節，以鑒當世。

需要進一步明確的是，此題的研究將置於唐宋社會大變革研究的總體框架下，注意考察荊南與南方諸國、中原王朝的互動關係，並在湖北開發史貫通的總體框架內揭示荊南經濟文化開發的亮點。誠如黃仁宇所言，五代十國「上接李唐下承趙宋，彼此都是連亙約三百年的大帝國，可見中國社會在這過程中雖經顛簸，並沒有完全垮臺；並且，這 54 年內，尚可能產生若干積極的因素」。「李唐王朝之崩潰，並非由於社會之退化，而是由於社會之進化。」〔註 18〕正是在這樣一個大震盪、大變革的時代，社會經濟和文化的發展既有遭受嚴重破壞的一面，但同時又有得到發展的另一面，並非如傳統史家所言乃一無是處的黑暗時代。因此，對唐宋社會轉型的深層次考察及其本質內容的揭示，繞不開十國史的深入研究，高氏荊南國史研究自是此題之中的應有之義。並且，五代十國史的研究不應游離於唐宋轉軌的歷史考察之外。

值得注意的是，關於高氏荊南國的性質問題，當今學仍有不同聲音。南平並未建國稱帝，不應作一國看待的理由是：地域狹小，沒有穩固的經濟基礎，稱藩於中原王朝，軍備力量弱小等。〔註 19〕對於這種說法，筆者在此僅想強調的是，南方九國的說法由來已久，迄宋以降，此說已成共識。歷代史家之所以並未將建國稱帝的馬楚、吳越和荊南視為獨立國家，而將稱帝改元的劉燕、擅置官員的秦歧排除在外，乃是針對分裂割據的異態而作的特殊區分，不宜與常態等量齊觀。

由於此論題學界尚無專項成果問世，以高氏荊南國為核心而展開的研究，當能在一定程度上促進人們對五代十國史的深入認識，並有助於全面審視和客觀評判湖北開發史的整體面貌。具體而論，高氏荊南政權是南北政權力量衝突的調節器，是解讀南方諸國政局變動不可或缺的要素之一。其內政外交策略有利於推動整個歷史發展的進程，積極意義值得重視。而且，本地區經

〔註18〕黃仁宇：《赫遜河畔談中國歷史》，三聯書店 1999 年版，第 134 頁。
〔註19〕曾國富：《五代南平史三題》，《中國史研究》1996 年第 1 期。

濟文化的發展，既有受制於經濟格局變動之歷史大環境影響的一面，同時其綜合實力的提升，又在無形中將積極因素擴散至周邊地區，以至對經濟格局整體面貌的改善發揮積極作用。從唐宋社會轉型的歷史高度加以考察，明顯可見其時政治的有序變革、經濟文化重心的南移、知識階層力量的壯大等等時代特點，在高氏荊南政權時期均有跡可尋。更重要的是，在深度挖掘歷史時期本地產業資源及文化資源優勢的基礎上，能進一步明晰湖北經濟文化發展的歷史必然性及客觀條件，從而為本地區的再次騰飛提供歷史論證。其成果在理解唐宋社會轉型這一重大學界課題上，也會有一定幫助。

原刊於《湖北大學學報》2006 年第 3 期

關於高氏荊南時期的人口問題

　　五代十國時期，作為南方九國之一、割據於今湖北境內的高氏荊南，在
50 餘年的歷史發展行程中，為免遭覆亡，高氏數主積極推行保境安民、惠農
通商的政策，恢復與發展本地經濟，致使本地區人口持續增長。入宋之時，
高氏荊南荊、歸、峽 3 州 17 縣計有 142300 戶。〔註1〕這是史籍中關於高氏荊
南人口的唯一具體數字，彌足珍貴。客觀而論，宋初高氏荊南的人口規模，
是其經濟長期發展的直接表徵。對這一人口數字予以深入分析，無疑是客觀
評價高氏荊南經濟成就的有效途徑，特別是在傳世文獻對高氏荊南經濟活動
記載甚少的情況下，這種分析應當是揭示高氏經濟發展水平的主要方式之一。
惜既往論者在評價高氏荊南的經濟發展成就時，往往忽略這一數字所蘊含的
歷史意義，未能做出具體解說。〔註2〕筆者不揣謫陋，擬對高氏荊南時期的人
口問題進行探討，並對上述人口數據作嘗試性分析，以期有裨於客觀評價高
氏荊南的經濟發展成就。不當之處，敬希指正。

一

　　唐末，以江陵為政治、軍事、經濟中心的荊南鎮，戰無寧日，經濟凋弊，
人口升降幾經反覆。唐末農民戰爭期間，江陵即是唐軍和農民軍激烈作戰的
地區之一，戰禍慘烈，人口銳減，據載：唐僖宗乾符五年（878）正月，「江陵

〔註1〕（宋）李燾：《續資治通鑒長編》卷 4，乾德元年三月，中華書局點校本 2004
　　　　年版，第 87 頁。（元）脫脫等：《宋史》卷 85《地理志一》同此，中華書局點
　　　　校本 1985 年版，第 2093 頁。
〔註2〕凍國棟先生曾言及於此，認為南平入宋時的 14 萬餘戶，較之唐末有所增加。
　　　　參見氏著《唐代人口問題研究》，武漢大學出版社 1993 年版，第 198 頁。

城下舊三十萬戶，至是死者十三四」〔註3〕。次年十月，王鐸趣襄陽，留其將劉漢宏守江陵，「漢宏大掠江陵，焚蕩殆盡，士民逃竄山谷。會大雪，僵屍滿野。」〔註4〕廣明元年（880）正月，僖宗製詞中提到：「東南州府遭賊之處，農桑失業，耕種不時。就中廣州、荊南、湖南，盜賊留駐，人戶逃亡，傷夷最甚。」〔註5〕荊南是人戶喪亡至為嚴重的地區之一。光啟三年（887）十二月，秦宗權所署山南東道留後趙德諲攻陷江陵，「遺民纔數百家」〔註6〕。史書又云：「荊州經巨盜之後，居民才一十七家。」〔註7〕此類說法或有誇張，但江陵遭受破壞極為嚴重當是事實。成汭鎮荊州時，「勤王奉國，通商務農，有足稱焉」〔註8〕，治績甚著，以至時有「北韓南郭」〔註9〕之稱，其時江陵戶數已近萬。〔註10〕在受命援救鄂州杜洪時，竟「發舟師十萬」〔註11〕。可知，其時人口數量已有極大程度的恢復。隨後，包括江陵在內的長江中游地區再遭兵燹，「狡獪成性」的朗州軍閥雷彥威「常泛舟焚掠鄰境」，以致「荊、鄂之間，殆至無人」〔註12〕，並曾一度攻佔江陵，「盡掠其人及貨財而去」〔註13〕，「俘掠且盡」〔註14〕。江陵地區人口恢復的進程，再度中斷。

唐昭宗天祐三年（906），汴帥朱全忠勢力進入荊南。次年十月，雷彥恭再次興兵進攻荊南，荊南留後賀瓌閉城自守，「朱全忠以為怯，以潁州防禦使高季昌代之，又遣駕前指揮使倪可福將兵五千戍荊南以備吳、蜀，朗兵引

〔註3〕 （宋）司馬光：《資治通鑑》卷253，唐僖宗乾符五年正月，中華書局點校本1956年版，第8195頁。

〔註4〕 《資治通鑑》卷253，唐僖宗乾符六年十月，第8217～8218頁。

〔註5〕 （後晉）劉昫等：《舊唐書》卷19下《僖宗紀》，中華書局點校本1975年版，第705頁。

〔註6〕 《資治通鑑》卷257，唐僖宗光啟三年十二月，第8372頁。

〔註7〕 （宋）薛居正等：《舊五代史》卷17《成汭傳》，中華書局點校本1976年版，第229頁。

〔註8〕 （五代）孫光憲：《北夢瑣言》卷4《成令公為蛇纏身》，中華書局點校本2002年版，第82頁。

〔註9〕 （宋）歐陽修：《新五代史》卷40《韓建傳》，中華書局點校本1974年版，第434頁。

〔註10〕 （宋）歐陽修、宋祁：《新唐書》卷190《成汭傳》，中華書局點校本1975年版，第5484頁。

〔註11〕 《資治通鑑》卷264，唐昭宗天復三年四月，第8607頁。

〔註12〕 《資治通鑑》卷264，唐昭宗天復三年五月，第8609頁。

〔註13〕 《資治通鑑》卷264，唐昭宗天復三年五月，第8608頁。

〔註14〕 《舊五代史》卷3《梁太祖紀三》，第56頁。

去」〔註 15〕。高季昌自此入據荊南。而在高季昌受命出任荊南留後之前，荊南原管諸州已被相鄰勢力分割殆盡，荊南鎮原統八州已失其七，僅存荊州一地。這種情形在高季昌入主荊南之時，依然如故。史載：「季興始至，江陵一城而已。」〔註 16〕又有史籍亦云：「乾符以來，寇亂相繼，（荊南）諸州皆為鄰道所據，獨餘江陵。」〔註 17〕另有材料顯示：「荊南舊統八州，僖、昭以來數為諸道蠶食，季昌至，惟江陵一城而已。」〔註 18〕長期遭受戰火沖刷的江陵也是滿目瘡痍，凋弊不堪。史載：「荊州自唐乾符之後，兵火互集，井邑不完。」〔註 19〕「季昌到官，城邑殘毀，戶口凋耗。」〔註 20〕面對如此殘局，高季昌「招葺流散，流民歸復」〔註 21〕。後梁開平元年（907）四月，朱全忠篡唐建梁。次月，高季昌被擢為荊南節度使，荊南成為後梁方鎮之一。即如史載：「高季興為荊南兵馬留後。……季興招輯流散，流民歸復。太祖嘉之，乃授節鉞。」〔註 22〕

　　後梁建立之後，處於四戰之地的荊南仍未擺脫戰爭陰霾，外來侵襲中首當其衝者，莫過於朗州的雷彥恭勢力。開平元年（907）六月，武貞節度使雷彥恭再次聯合馬殷，出兵進逼江陵，「季昌引兵屯公安，絕其糧道；彥恭敗，楚兵亦走」〔註 23〕。當年九月，雷彥恭又攻涔陽（今湖北公安縣南一百里）、公安（今湖北公安縣），亦被擊退。因「彥恭貪殘類其父（雷滿），專以焚掠為事，荊、湖間嘗被其患；又附於淮南」〔註 24〕。後梁太祖下詔削奪彥恭官爵，且命季昌、馬殷予以討伐。是年十月，高季昌派遣倪可福會同楚將秦彥暉聯兵攻打朗州，雷彥恭被迫降附於淮南。雷彥恭被逐出江陵時，「廩藏金帛，市里人民，悉為彥恭舟徙而去」〔註 25〕。

〔註 15〕　《資治通鑒》卷 265，唐昭宗天祐三年十月，第 8663 頁。（清）吳任臣：《十國春秋》卷 100《荊南一‧武信王世家》同此，中華書局點校本 1983 年版，第 1428 頁。

〔註 16〕　《新五代史》卷 69《南平世家》，第 856 頁。

〔註 17〕　《資治通鑒》卷 266，後梁太祖開平元年五月，第 8680 頁。

〔註 18〕　《十國春秋》卷 100《荊南一‧武信王世家》，第 1428 頁。

〔註 19〕　《舊五代史》卷 133《高季興傳》，第 1751 頁。

〔註 20〕　《資治通鑒》卷 266，後梁太祖開平元年五月，第 8680 頁。

〔註 21〕　《舊五代史》卷 133《高季興傳》，第 1751 頁。

〔註 22〕　《冊府元龜》卷 692《牧守部‧招輯》，中華書局影印本 1960 年版，第 8256 頁。

〔註 23〕　《資治通鑒》卷 266，後梁太祖開平元年六月，第 8683 頁。

〔註 24〕　《資治通鑒》卷 266，後梁太祖開平元年九月，第 8684～8685 頁。

〔註 25〕　（宋）王欽若等：《冊府元龜》卷 420《將帥部‧掩襲》，第 5008 頁。

所以，高季昌榮升荊南節帥之初，江陵井邑廢毀、閭里蕭條、人戶稀疏的情形，並無根本改觀。為避免重蹈成汭、趙匡凝鎮荊南相繼敗亡的覆轍，高季昌在招綏流民的基礎上，致力於戰後重建，並於後梁、後唐易代之際，誘使後梁軍隊遷入，江陵「由是兵眾漸多」〔註26〕。對於高季昌恢復經濟的效果，孫光憲曾說：「荊南亂離之後，賴公休息士民，始有生意。」〔註27〕在經濟發展的拉動下，本地區人口自然重新呈現出恢復、發展的勢頭。

高氏荊南的後繼者亦能踵其成法，保境安民，興修水利，惠農通商。尤其是高氏荊南能充分利用江陵所處南北交往、東西貫通的優越地理位置，不遺餘力地推行通商政策，包括開鑿漕河，〔註28〕以溝通江陵與漢江間的航運路線；多次擴建江陵城，擴大城市規模，拓展城市空間；升白洑南草市為鎮〔註29〕等等舉措，均旨在促進該地區商業的進一步發展。而繁榮商業的目的，則是仰賴商稅收入以贍軍養國。高氏荊南對商稅收入至為倚重。後漢初年，高從誨因求郢州不得，曾與中朝斷絕關係，但是，「既與漢絕，北方商旅不至，境內貧乏」〔註30〕，故不得不於次年重新稱臣於後漢。商旅不至其境，商稅自然無從徵收。出於徵商的目的，而恢復對後漢的臣屬關係，即可窺知高氏荊南政權對商稅依賴之重。

如所周知，在中國古代社會，人口與經濟發展存在密切關係。誠如論者所言：「經濟過程決定著人口過程的基本趨勢，是人口過程存在和發展的基礎」；儘管「在某一時期內，某種特殊情況下，人口過程並不直接受制於經濟過程」，但「其最終受制於社會經濟發展」；「人口過程也會反過來影響，即推遲和加速經濟過程」〔註31〕。經濟與人口間的上述關係，同樣適用於高氏荊南的歷史。前述高氏荊南統治者發展經濟的有力措施，切實有利於本地區經濟實力的顯著提升，這也是高氏荊南能在群雄以力相併的時代享國 50 餘年至為關鍵的因素之一。而在經濟發展的同時，人口的持續增長自是必然之勢。至於高氏五主在位期間各階段之人口資料，因史籍闕載，如今

〔註26〕《舊五代史》卷 133《高季興傳》，第 1752 頁。

〔註27〕《資治通鑒》卷 275，後唐明宗天成元年四月，第 8980 頁。

〔註28〕（宋）王象之：《輿地紀勝》卷 64《荊湖北路·江陵府上·景物上·漕河》引《郡縣志》，中華書局影印本 1992 年版，第 2205 頁。

〔註29〕《輿地紀勝》卷 64《荊湖北路·江陵府上·縣沿革·潛江縣》，第 2193 頁。

〔註30〕《十國春秋》卷 101《荊南二·文獻王世家》，第 1444 頁。

〔註31〕年發松：《唐代長江中游的經濟與社會》，武漢大學出版社 1989 年版，第 290 頁。

已無法復睹。傳世文獻中，迄今可確知的高氏荆南的具體戶口，惟見乾德元年（963）高氏荆南歸降於宋時的數據，即荆、歸、峽 3 州 17 縣計有 142300戶。

二

高氏荆南入宋時的戶口數字，其間的真實意蘊無妨從縱向、橫向兩個方面予以掘發。

首先來看這一戶口與有唐一代相比，其水平與高度究竟如何，這是基於時序延遷的縱向考察。

唐代荆、歸、峽三州戶口的發展，可列出表 1。

表 1　唐代荆、歸、峽三州戶口一覽表

州別	貞觀十三年（649）		開元二十九年（741）		天寶元年（742）	
	戶　數	口　數	戶　數	口　數	戶　數	口　數
荆州	10260	40958	28932[①]	137054	30192[②]	148149
峽州	4300	17127	7317[③]	102668	8098	45606
歸州	3531	20011	4364[④]	21534	4645	23417
合計	18091	78096	40613	261256	42935	217162

注：

① （宋）樂史：《太平寰宇記》卷 146《山南東道五·荆州》計為 86800 戶，中華書局點校本 2007 年版，第 2833 頁。按，牟發松認為此載顯然有誤，因開元年間（713～741）荆州既無外來移民湧入的記載，人口不可能較貞觀年間（627～649）增長如此之快；也無理由在天寶年間（742～756）驟降至 3 萬餘戶，其間懸殊過大，由此可「推定《寰宇記》所載荆州開元戶是採錄今本《元和（郡縣圖）志》已逸的荆州元和戶或中唐以後其他年份的戶口。」此說較可信。參見《唐代長江中游的經濟與社會》，第 282 頁。

② 《唐代人口問題研究》計為 30392，第 193 頁。

③ 《太平寰宇記》卷 147《山南東道六·峽州》計為 8918 戶，第 2861 頁。亦有可能出自《元和郡縣圖志》，俟考。

④ 《太平寰宇記》卷 148《山南東道七·歸州》計為 4845 戶，第 2878 頁.亦有可能採自《元和郡縣圖志》，俟考。

數據源：表中貞觀十三年（649）戶口、天寶元年（742）戶口出自《舊唐書》卷 39《地理志二·山南東道》，開元二十九（746）年戶口出自《通典》卷 183《州郡十三·古荆州》，中華書局點校本 1988 年版。並參據孫繼民：《關於唐代長江中游人口經濟區的考察》，載黃惠賢、李文瀾主編：《古代長江中游的經濟開發》，武漢出版社 1988年版，第 348 頁；《唐代長江中游的經濟與社會》，第 254 頁。《唐代人口問題研究》，第 193 頁。

在正式進行比較之前，有三點必須予以說明：

其一，高氏荊南的總戶數還包括後梁時期隸入的監利縣戶數，該縣在唐代為復州所轄，其戶數在李唐時期自然不可能計入荊州，故用於比較的唐代戶數會比實際數字略低，雖然這多少會使下述比較結果產生些許偏差，但這一部分的準確數字，顯然無法通過簡單的方式從總數中予以減除，而且其數字也不會太多，不大可能對下述計算結果產生根本性的影響，就此角度而言，此因素很難削弱下述比較的說服力。

其二，唐代官方著籍戶口，並不能如實反映其時人口的確切情況，原因在於，唐代存在大量逃戶和隱漏人口，這部分人口並未計入官方人口統計資料之列。杜佑曾估計天寶（742～756）末戶籍脫漏至少在400～500萬之間，約占全國著籍戶總數的35%左右。〔註32〕歷代學者對唐代戶口脫漏數也有不同的估算，以下比較取凍國棟先生之推測，唐代「浮逃人口和土戶隱漏按照最保守的估計應占著籍總戶口數的半數以上」〔註33〕，即著籍戶口僅占實際人口的50%。

其三，宋代的戶與口的關係問題，有可能對比較結果帶來相當程度的衝擊。宋代人口問題自20世紀30年代以來一直就是學術界研究的重點，其焦點是史籍中宋代人口的戶多口少現象，平均每戶僅及2口左右的記載極為常見。迄今為止，關於這一論題的研究已湧現出眾多的成果，茲不一一羅列。〔註34〕持續的爭論則使這一問題的解答，漸致匯聚為「漏口說」「男口說」「不計女口說」等數種代表性觀點。儘管如此，迄今卻尚未形成獲得普遍認可的解釋，其情形仍如上世紀60年代何炳棣先生在《宋金時中國人口總數的估計》中所說：「雖然以前研究宋代人口的學者付出了勞動和努力，我們仍無法準確瞭解宋代官方對『人口』的定義是什麼。」〔註35〕儘管如此，學術界在

〔註32〕（唐）杜佑：《通典》卷7《食貨七·丁中》記曰：「約計天下人戶少猶可有千三四百萬矣。」據此即可測算出脫漏人口的比例。中華書局點校本1988年版，第157頁。

〔註33〕《唐代人口問題研究》，第123頁。

〔註34〕已有學者對此予以梳理，參見何忠禮：《宋代戶部人口統計考察》，《歷史研究》1999年第4期；吳松弟：《中國人口史》（第三卷），復旦大學出版社2000年版，第2～4頁；趙瑤丹：《宋代戶籍制度和人口數問題研究綜述》，《中國史研究動態》2001年第1期。

〔註35〕何炳棣著，葛劍雄譯：《明初以降人口及其相關問題（1368～1953）》，三聯書店2000年版，第368頁。

宋代戶數記載真實性的看法上，已達成共識，認為宋代人口資料中的戶數基本可信。由於高氏荊南的戶數是入宋時的統計結果，極有可能與宋代戶口的著籍方式相一致，囿於史料的缺乏，目前或許只能對此做出如此解釋。當然，也有可能不一致。穩妥起見，此處以前一種可能作為比較的前提，故在對這一數據的處理上，一如宋史研究者所經常採用的方式，認可戶數記載的真實性，再以傳統家庭「一戶五口」的標準予以推算。〔註 36〕這也是目前唯一可行的方法。不過，必須承認的是，以 5 口作為家庭規模的口數，畢竟不是太準確，也不太可能得出準確的數字，好在此處僅將計算結果視為定性分析的基礎，而不是刻意追求相關數字的絕對精確，只是寄望通過相關結果的比較，反映出唐宋之際本地區人口發展的大勢，如此處理或許不致有太多不妥。

依據上述理解，將前引高氏荊南戶數與上表列舉的唐代貞觀（649）戶、開元（741）戶、天寶（742）戶進行比較，不難發現，高氏統治期間荊、歸、峽三州戶數遠遠超過唐代上述三個時期的戶數，分別約是後者的 394%、174% 和 166%，即便是唐朝鼎盛時期天寶元年（742）此三州的著籍戶數，這一現在所能看到的唐代本地區戶數發展的峰值，也僅及高氏荊南入宋時戶數的 3/5。以戶均五口的方式計算高氏荊南的口數，即為 711500，與表 1 中最高口數為 261256 的開元二十九年（741）比較，後者為前者的 74%，不足 4/5，與戶數對比所得的結果仍較為接近。而高氏荊南與唐代戶口間所呈現出的如此懸殊的差距，的確有些出人意料。據此可知，高氏荊南的人口發展規模顯然大大超過唐代的絕大部分時間。

如果再聯繫唐末期間人口大量銳減的客觀事實，考慮高氏荊南人口發展的低起點，那麼，高氏荊南統治期間本地區達到的這一人口高度，所體現出的發展速度，顯然會更加令人難以置信。遺憾的是，如今已無法知曉高季昌入主荊南之初的具體人口數字，似乎很難就此做出進一步的推論。然而，在有限的記載中，有這樣一則材料：「（高）季興以江陵古之重地，又當天下多事，陰有割據之志，乃大興力役，重築城壘，執畚者逮十數萬人，皆攀援賓友，負土助焉。」〔註37〕其間言及這次力役之征的「十數萬」人，雖然具體數字不詳，但對於詮

〔註36〕程民生認為，宋代北方戶均人口約 9 人，南方戶均人口約 6 人，參見氏著《宋代家庭人口數量初探》，《浙江學刊》2000 年第 2 期。此處仍沿襲「一戶五口」之說。
〔註37〕（宋）周羽翀：《三楚新錄》卷 3，五代史書彙編本，第 10 冊，杭州出版社點校本 2004 年版，第 6327 頁。

釋高氏荊南的人口發展進程，多少還是提供了一個可資參考的數據。因其時高氏所轄唯有荊州一地，故這次應役者當來自於荊州所轄諸縣；並且，記載中明言「大興力役」「攀援賓友」相助，又或可表明此次土木工程是一次舉全境之力的浩大行動，其參與人數，保守估計也當在荊州所轄人數的半數上下。高季昌築城之舉在龍德元年（922），〔註38〕其時高氏荊南已經過 10 餘年發展，生齒漸繁，流民湧入，固為事實，但材料明言此役人數為十數萬，或有虛誇成分，今折衷取 100000 為數，則荊州所轄人數約 20 萬。

儘管歸、峽二州此時不在荊南勢力範圍之內，直至後唐明宗天成元年（926）才開始隸入，但從便於比較的角度出發，此處仍可做一些估算。結合表 1 所載，唐代荊州在荊、歸、峽三州總人口的比例仍可通過計算得出，其結果是，貞觀十三年（649）、開元二十九年（741）、天寶元年（742）三個年份分別為 43%、53%和 68%。暫且忽視荊州開發進程遠遠領先於歸、峽二州的這一趨向，取其平均值以 55%計，則歸、峽人口在三州人口的總數中占 45%。照此推算，後梁末帝龍德元年（922）時，此三州人口已達 363636，折算成戶數為 72727。不妨再以此人口數和入宋時的人口數，即戶數 142300 的 5 倍，也就是 711500，進行比較，後者為前者的 196%，近乎翻了一倍。而這一過程的實現，只有短短的41 年。而唐代從其初期到盛唐百餘年的時間，三州的戶數、口數分別至多增加24844×2、183168×2。以唐代開元二十九年（741）的口數與貞觀十三年（649）的口數對比，其增長幅度為 335%，這一過程的實現，則耗時 91 年。

那麼，上述兩個時段的人口年均增長率的情形又如何呢？無妨分別設唐代、高氏荊南上述兩個時期人口的年均增長率為 X_1、X_2，可得公式如下：

$$(1＋X_1)^{91}=3.35 ; (1＋X_2)^{41}=1.96$$

計算後所得結果為：X_1 是 13‰，X_2 是 16‰，仍然是後者高於前者。儘管這種計算存在種種不足，但至少可以說明，高氏荊南時期人口發展的進程與盛唐不相上下，甚至有可能還在盛唐之上。

仍需強調的是，上述蠡測是在缺乏準確數字的情況下進行的估算，也必定與其時的人口實際進程有一定的距離，卻也並非全然毫無根據，大致還是能反映出高氏荊南人口發展的總體趨勢，這也是高氏荊南時期經濟迅速發展的真實反映。

〔註38〕《資治通鑒》卷 271「後梁均王龍德元年十二月」載：「高季昌遣都指揮使倪可福以卒萬人脩江陵外郭。」即為其證。第 8871 頁。

其次再來看高氏荊南入宋時的戶數與同一時期其他南方政權的比照。這是基於地域空間所做的橫向比較。

由於南方政權均在入宋時方有準確的人口數字，又因其被納入北宋版圖的時間又前後不一，加之具體面積的計算頗為不易，所以，以下比較只能權且忽略時間上的差距，根據所載縣數，取縣均人口為比較單位，稍做對比與判斷。

南方割據政權入宋時的戶數，見表2。

表2　南方割據政權入宋時的戶數一覽表

年　代	割據政權	得州縣數	得戶數
宋太祖乾德元年（963）	荊南	州 3 縣 17	142300〔註 39〕
宋太祖乾德元年（963）	湖南	州 14 監 1 縣 66	97388〔註 40〕
宋太祖乾德三年（965）	後蜀	州 46 縣 240	534029〔註 41〕
宋太祖開寶四年（971）	南漢	州 60 縣 214	170263〔註 42〕
宋太祖開寶八年（975）	南唐（江南）	州 19 軍 3 縣 108	655065〔註 43〕
宋太宗太平興國三年（978）	漳泉	州 2 縣 14	151918〔註 44〕
宋太宗太平興國三年（978）	吳越	州 13 軍 1 縣 86	550608〔註 45〕
合計			2528145

注：引自陶懋炳：《五代史略》，人民出版社 1985 年版，第 179 頁。略有改動。

〔註39〕《續資治通鑒長編》卷 4，乾德元年二月，第 85 頁。
〔註40〕《續資治通鑒長編》卷 4，乾德元年三月，第 87 頁。
〔註41〕《續資治通鑒長編》卷 6，乾德三年正月，第 146 頁。
〔註42〕《續資治通鑒長編》卷 12，開寶四年二月，第 261 頁。
〔註43〕《續資治通鑒長編》卷 16，開寶八年十二月，第 353 頁。
〔註44〕《續資治通鑒長編》卷 19，太平興國三年四月，第 426 頁。
〔註45〕《續資治通鑒長編》卷 19，太平興國三年五月，第 427 頁。

　　依據前述，則各割據政權縣均人口約分別為：荊南 8371 人，湖南 1476 人，後蜀 2225 人，南漢 796 人，南唐 6065 人，漳泉 10851 人，吳越 6402 人。觀察比較結果，可知，高氏荊南的縣均人口密度僅次於漳泉，卻在其他割據政權之上。

　　儘管這種比較雖時間前後多有不同，難以準確說明高氏荊南人口在其時南方割據政權所處的地位，但與入宋時間一致的湖南和稍晚的後蜀予以對比，其縣均人口數量，遠遠領先於兩地，分別約是兩者的 567% 和 376%，其差距不可謂不大。而這應當也是高氏荊南經濟的整體發展水平，領先於兩地的客觀寫照。

三

　　依照常理而言，在高氏荊南經濟發展的基礎上，北宋初期，江陵地區的社會經濟應該有進一步的發展，人口亦應有所增加，但史籍中有關本地區宋初人口變動的記載，卻並不支持這一判斷。為便於對此做進一步的說明，茲將本地區在北宋三個時期的戶數製成下表。

表 3　北宋荊、歸、峽三州及荊門軍戶數一覽表

州　　別	太平興國戶數	元豐三年（1080）戶數	崇寧元年（1102）戶數
荊州	63447	189922	85801
峽州	4401	45496	40980
歸州	2562	9638	21518
荊門軍	4070	——	——
合計	74480	245056	148299

材料來源：太平興國戶分別出自《太平寰宇記》卷 146《山南東道五·荊州／荊門軍》，第 2833、2846 頁；同書卷 147《山南東道六·峽州》，第 2861 頁；同書卷 148《山南東道七·歸州》，第 2878 頁。元豐戶出自《元豐九域志》卷 6《荊湖北路·江陵府》，中華書局點校本 1984 年版，第 266 頁；同書卷 6《荊湖北路·峽州》，第 271 頁；同書卷 6《荊湖北路·歸州》，第 273 頁。崇寧戶出自《宋史》卷 88《地理志四·荊湖北路》，中華書局點校本 1985 年版，第 2193、2195、2196 頁。

注：由於州縣改置，江陵府元豐戶、崇寧戶已包括原荊門軍戶數與原復州之監利縣戶數。《元豐九域志》卷 6《荊湖北路·江陵府》：「（熙寧六年）廢復州，以玉沙縣為鎮入監利；廢荊門軍，以長林、當陽二縣隸府。」第 266 頁。同書卷 10《省廢州軍·荊湖路·荊門軍》載：「開寶五年（980）即江陵府荊門鎮建軍，以長林、當陽二縣隸軍；熙寧六年（1073）廢，以二縣隸江陵府。」第 475 頁。據此，元豐三年（1080）、崇寧元年（1102）原荊門軍戶數實際已納入江陵府，是故表中不載。

　　取太平興國戶數與高氏荊南入宋時戶數進行對比，前者竟比後者減少
了 67820 戶，損耗率約為 48%，而兩者相距的時間至多不超過 22 年。這種
情形顯然有悖於人口發展的正常邏輯。那麼，自宋太祖乾德元年（963）之
後，導致本地區人口銳減的原因又何在呢？也許這與宋初開展統一戰爭時，
通常以荊南為征服南方諸國的前沿陣地，不無關係。史載，乾德二年（964），
「荊湖既平，有穆昭嗣者事高氏荊南為醫官，上召見問蜀中山川曲折之狀，
昭嗣曰：『荊南即西川、江南、廣南都會之衝，既克此，則水陸皆可趨蜀。』
〔註 46〕事實上，宋廷滅亡高氏荊南後，一直到其後次第消滅後蜀、南漢、
南唐，本地區屢屢都是宋軍屯駐、集結的戰略根據地，也是揮師進擊的前沿
陣地。以開寶七年（974）宋軍討伐南唐的戰役為例，當年九月，宋太祖「命
宣徽南院使、義成軍節度使曹彬為西南路行營馬步軍戰棹都部署，山南東
道節度使潘美為都監，潁州團練使曹翰為先鋒都指揮使，將兵十萬出荊南，
以伐江南」〔註 47〕。僅從「將兵十萬出荊南」一語，即可窺知此次戰役規模
之大。有此一例，其餘無復再舉。而此種情形勢必會對本地區人口的發展產
生阻礙性影響，反映在人口數據上，就是本地區人口在宋初 20 餘年間的大
幅度下降。在史載無多的情形下，作此推論，或可成立，仍未敢自必，權作
一說罷。

　　太平興國年間（976～984）之後，本地區人口再次呈現迅速上升的勢頭，
宋神宗元豐三年（1080）戶數已達 245056，約為宋初高氏荊南戶的 172%，太
平興國戶的 312%，其間也不過百餘年左右的時間。應該看到，宋初南方諸國
平定之後，本地區已經進入和平狀態，生產生活秩序業已恢復正常，在經過
百餘年的發展後，人口數量大幅度攀升已屬正常。

四、結語

　　以上對高氏荊南人口發展大勢，及其人口規模在唐宋之際的歷史地位進
行了粗略的考索和分析，因史料匱乏，雖其間不乏估測成分，但文中揭示出
的高氏荊南人口演進的總體軌跡及其所達到的水平與高度，或許與歷史的事
實不致有太大偏差。倘若如斯，高氏荊南發展經濟的總體成就的確令人矚目，
該政權能享國 50 餘年，即與此大有關係。那麼，傳統史家極言高氏父子以「賴

〔註 46〕《輿地紀勝》卷 64《荊湖北路・江陵府上・風俗形勝》，第 2200 頁。
〔註 47〕《宋史》卷 3《太祖紀三》，第 42 頁。

子」立國的無良評說，自可摒棄。

是耶？非耶？仍需置諸高明評判。

原載於《荊楚文化與湖北人文精神》，湖北人民出版社 2009 年版

五代十國時期歸、峽二州歸屬考辨

　　五代十國時期歸州（治今秭歸縣西北歸州鎮）、峽州（治今宜昌市）的歸屬，據《新五代史・職方考》載：後梁王朝，係前蜀領地；後唐、後晉、後漢、後周四朝，乃南平（高氏荊南）轄土。〔註1〕《十國春秋・地理表下》從之。〔註2〕此說是否屬實？後晉、後漢、後周三朝，歸州、峽州為高氏荊南所有，諸史所記皆同，向無異議。而此前的後梁時期，前蜀與高氏荊南究竟何者領有歸、峽，史籍所載卻不盡相同，《資治通鑒》卷二百六十四、二百六十五、二百七十四所載及胡三省之注即視歸、峽為高氏荊南（南平）屬地。學界於此亦有不同意見，《中國歷史地圖集》（第五冊）所繪 924 年前蜀政區圖不包括歸、峽二州。〔註3〕亦有學者撰文力主此說，認為後梁時期歸、峽二州不隸前蜀而屬高氏荊南。〔註4〕與上述觀點相左，陶懋炳、〔註5〕蒲孝榮、〔註6〕楊偉立〔註7〕及朱玉龍〔註8〕明確指出，歸、峽二州在後梁時轄於前蜀，後唐時方為高氏荊南所據有。另外，後唐時期歸、峽歸屬前後頗有不同，前引歐

〔註1〕（宋）歐陽修：《新五代史》卷 60《職方考》，中華書局點校本 1974 年版，第 728 頁。

〔註2〕（清）吳任臣：《十國春秋》卷 112《地理表下》，中華書局點校本 1983 年版，第 1623 頁。

〔註3〕中國歷史地圖集編輯組：《中國歷史地圖集》（第五冊），中華地圖學社 1975 年版，第 86 頁。

〔註4〕楊光華：《前蜀與荊南疆界辯誤》，《西南師範大學學報》1993 年第 4 期。

〔註5〕陶懋炳：《五代史略》，人民出版社 1985 年版，第 175 頁。

〔註6〕蒲孝榮：《四川政區沿革與治地今釋》，四川人民出版社 1986 年版，第 268 頁。

〔註7〕楊偉立：《前蜀、後蜀史》，四川社會科學出版社 1986 年版，第 71 頁。

〔註8〕朱玉龍：《五代十國方鎮年表》，中華書局 1997 年版，第 536 頁。

陽修所載失於簡略，言之未明。有鑑於此，仍有必要對此歷史時期歸、峽二州的隸屬重加辯證。因史載有闕，加以筆者所寓不廣，故其間仍有不解之處，茲一併書之，幸識者教正。

一、後梁時期，歸、峽二州的歸屬

唐置荊南節度使之初，所領幾州？《舊唐書·地理志二·山南東道》曰：「領（江陵府）、澧、朗、硤（峽）、夔、忠、歸、萬八州。」〔註9〕《資治通鑒》卷二百六十六亦載：「荊南舊統八州。」胡三省注：「荊、歸、硤（峽）、夔、忠、萬、澧、朗，共八州。」〔註10〕《唐方鎮年表·荊南》同此。〔註11〕《十國春秋·荊南一·武信王世家》雖未列州名，仍言「荊南舊統八州」〔註12〕。《冊府元龜·宰輔部·貪黷》曰：「初，荊南以本朝時，管荊、澧、朗、硤（峽）、歸、夔、忠、萬、涪等州。」〔註13〕所言州數為九，較前多出涪州，《資治通鑒》卷二百六十九、〔註14〕《十國春秋·荊南一·武信王世家》〔註15〕均有「夔、萬、忠、涪四州舊隸荊南」之語，是為佐證。《新唐書·方鎮表四》則記荊南下轄十州，即在八州之外，別有郢、復二州。〔註16〕《新五代史·南平世家》云：「荊南節度十州。」〔註17〕《資治通鑒》卷二百六十二胡三省注，亦有荊南領十州之說。〔註18〕以上三種關於荊南所轄州數以及具體州名之說，孰是孰非，殊難遽斷，尚須另行探討。本文從八州之說，以上諸說也無不包括此八州，歸、峽二州均在唐荊南屬郡之內。

〔註9〕（後晉）劉昫等：《舊唐書》39《地理志二·山南東道》，中華書局點校本1975年版，第1552頁。

〔註10〕（宋）司馬光：《資治通鑒》卷266，後梁太祖開平元年五月，中華書局點校本1956年版，第8680頁。

〔註11〕（清）吳廷燮：《唐方鎮年表》卷5《荊南》，中華書局點校本1980年版，第679頁。

〔註12〕《十國春秋》卷卷100《荊南一·武信王世家》，第1428頁。

〔註13〕（宋）王欽若等：《冊府元龜》卷338《宰輔部·貪黷》，中華書局影印本1960年版，第3998頁。

〔註14〕《資治通鑒》卷269，後梁均王乾化四年正月，第8782頁。

〔註15〕《十國春秋》卷100《荊南一·武信王世家》，第1430頁。

〔註16〕（宋）歐陽修、宋祁：《新唐書》卷67《方鎮表四》，中華書局點校本1975年版，第1870頁。

〔註17〕《新五代史》卷69《南平世家》，第856頁。

〔註18〕《資治通鑒》卷262，唐昭宗光化三年九月胡三省注，第8533頁。

　　唐末，荊南地區迭經戰亂，荊南藩鎮下轄屬郡屢有變更。乾寧中，雷滿割據澧、朗，自稱節度；嗣後，澧、朗二州又為馬殷所佔。天復三年（903），成汭失荊南，雷彥威、趙匡凝先後攻陷江陵。王建乘機襲取江陵屬郡，《新唐書·昭宗紀》云：是年十月，「王建陷忠、萬、施三州」，又「陷夔州」〔註19〕。施州並非荊南屬地。《新五代史·前蜀世家》稱：「攻下夔、施、忠、萬四州。」〔註20〕歸、峽不在其內。《資治通鑑》卷二百六十四云：「遂定夔、忠、萬、施四州。」又「蜀之議者，以瞿唐，蜀之險要，乃棄歸、峽，屯軍夔州」。胡三省注：「荊南自此止領荊、歸、峽三州。」〔註21〕《蜀鑑》卷七「王建取夔、忠、萬、施四州，屯軍夔州」條，所載同於《資治通鑑》。據是，王建攻取歸、峽時間為天復三年（903）十月。前引書表明王建此次用兵並未據有其地，歸、峽仍為荊南巡屬。然而上述記載與其他史籍中的說法稍有出入。按，《舊五代史·王建傳》云：「趙匡凝之失荊、襄也，弟匡明以其孥奔蜀，建因得夔、峽、忠、萬等州。」〔註22〕此則材料乃四庫館臣採自《冊府元龜·僭偽部·勳伐第三》，原文為：「趙（匡）凝之失荊襄也，弟（匡）明以其奴奔蜀，建因得夔、峽、忠、萬等州。」〔註23〕峽州赫然在列，但誤係其時於905年趙匡凝、趙匡明兄弟失荊、襄之後。《冊府元龜·宰輔部·貪黷》則言其事曰：「天祐初，成汭失荊、襄，王建乘虛收歸、夔、峽等州。」〔註24〕此載係時亦不確。《舊五代史》《冊府元龜》關於史實記載多引據五代實錄，史料價值在《新五代史》《資治通鑑》之上。雖然二書關於此事時間之記述明顯有誤，但史實並無出入。綜合前引史料，可知王建此次用兵當取得夔、忠、萬、歸、峽等州。聯繫上文《資治通鑑》卷二百六十四、《蜀鑑》卷七所載，其時前蜀雖領有歸、峽，卻有可能未嘗駐軍於此。《十國春秋·前蜀一·高祖本紀上》亦稱王建「乃棄歸、峽，屯軍夔州，于是并有三峽之地」〔註25〕。「三峽」，即長江三峽之簡稱，起今四川奉節縣東白帝城至湖北宜昌市西南津關間，歷史時期組成三峽之三段峽谷之名稱雖屢有變更，但其地域大致固定於此範圍。既言「並有

〔註19〕《新唐書》卷10《昭宗紀》，第301頁。
〔註20〕《新五代史》卷63《前蜀世家》，第787頁。
〔註21〕《資治通鑑》卷264，唐昭宗天復三年十月，第8619頁。
〔註22〕（宋）薛居正等：《舊五代史》卷136《王建傳》，中華書局點校本1976年版，第1819頁。
〔註23〕《冊府元龜》卷223《僭偽部·勳伐第三》，第2672頁。
〔註24〕《冊府元龜》卷338《宰輔部·貪黷》，第3998頁。
〔註25〕《十國春秋》卷35《前蜀一·高祖本紀上》，第497頁。

三峽之地」，歸、峽屬西川殆無疑義。至此，荊南八州已失其七。是時，趙匡凝任荊襄節度使，表趙匡明為荊南留後。天祐元年（904）五月，趙匡凝派水軍上峽攻夔州，西川將王宗阮敗之，萬州刺史張武作鐵索「鎖峽」〔註26〕。時距西川取歸、峽未遠，趙匡凝既得「上峽攻夔州」，此亦可證王建取歸、峽之初或未於此屯兵。

天祐二年（905）九月，汴軍破襄州，趙匡凝出奔淮南，趙匡明棄城逃至成都，荊南納入朱溫勢力範圍，賀瓌充荊南留後。次年十月，雷彥恭屢寇荊南，賀瓌閉城自守，朱溫以高季興（原名季昌，後唐時因避後唐莊宗祖父李國昌諱，改名）代之。《資治通鑑》卷二百六十五載：「又遣駕前指揮使倪可福將兵五千戍荊南以備吳、蜀。」〔註27〕屯師荊南以抵禦西川之師，可見荊南所轄尚未及於歸、峽。

高季興入據荊南之前，西川王建並未放棄對荊南原管屬郡歸、峽的控制與爭奪。天祐三年（906）正月，「西川將王宗阮攻歸州，獲其將韓從實」。胡三省注：「歸州屬荊南。」〔註28〕韓從實為何方將領，已無從查考。《新五代史·前蜀世家》言其事為：「又取歸州，於是并有三峽。」〔註29〕既有三峽，峽州自不在其外。將此記載結合前引王建據有歸、峽的史實進行分析，大致可做出如下推斷：該地區自天復三年（903）至天祐年間基本上處於王建控制之下，不過不能排除偶而也有外來力量的侵入，王建此次再取歸州，即應是趕走入侵者，重新恢復對該地區統治的一次軍事勝利。胡三省「歸州屬荊南」之注，欠妥。

後梁開平元年（907），朱溫篡唐，高季興被擢為節度使。其後，荊南由唐末方鎮漸次演變為獨立割據王國。高季興獲南平王封號，事在後唐莊宗同光二年（924）二月，《新五代史》之《南平世家》《職方考》則以開平元年（907）為南平政權創立之時間上限。因後梁一朝，高氏荊南性質上仍為方鎮；後唐時期，其割據特徵方愈益彰顯，下文若概以南平名之，不妥之處甚明。為與上文「荊南」之稱相區別，以及行文方便，以下概以高氏荊南指稱此政權。後梁建立伊始，高氏荊南所轄地域僅有江陵，《新五代史·南平世家》載：「季興

〔註26〕（宋）路振：《九國志》卷6《前蜀·王宗壽傳》謂「鎖峽」為「以鐵鎖斷夷陵江」。五代史書彙編本，第6冊，杭州出版社2004年版，第3283頁。
〔註27〕《資治通鑑》卷265，唐昭宣帝天祐三年十月，第8663頁。
〔註28〕《資治通鑑》卷265，唐昭宣帝天祐三年正月，第8657頁。
〔註29〕《新五代史》卷63《前蜀世家》，第787頁。

始至，江陵一城而已。」〔註30〕《資治通鑑》卷二百六十六云：「乾符以來，寇亂相繼，（荊南）諸州皆為鄰道所據，獨餘江陵。」〔註31〕《十國春秋‧荊南一‧武信王世家》稱：荊南自「僖、昭以來數為諸道蠶食，季昌（即高季興）至，惟江陵一城而已。」〔註32〕歸、峽顯然不在高氏荊南管轄範圍內。同年，王建稱帝，歸、峽應仍隸前蜀。

後梁期間，歸、峽地區時有戰事發生。開平二年（908），「蜀兵入歸州，執刺史張瑭。」胡三省注：「歸州，荊南巡屬。不地曰入，言入之而不能有其地。」〔註33〕《十國春秋‧前蜀二‧高祖本紀下》云：「我兵入歸州，執梁刺史張瑭。」〔註34〕張瑭生平，現存史籍缺乏詳細記載，殊難詳考。而關於張瑭為何方刺史，《資治通鑑》並未明示，《十國春秋》則直言其為後梁刺史，未知何據。因高季興為朱溫養子朱友讓義子，爰此且因軍功而至荊南節度使，時高氏荊南仍為後梁方鎮，若張瑭係後梁刺史，似可由此斷定歸州乃高氏荊南屬地。詳加考究，此推論稍嫌牽強。澄清是說仍當從《十國春秋》入手，通檢該書，不難獲悉，據此立論明顯與前引《十國春秋‧地理表下》所載後梁時期歸、峽隸前蜀而不屬南平（高氏荊南）的表述相牴牾。兩說究竟如何取捨？再看《十國春秋‧荊南三‧列傳》，其中所錄高氏荊南人物並無於後梁時期出仕歸、峽的任何一則材料，這種記載恰與該書《地理表下》相合。故而張瑭雖為梁刺史，《十國春秋》顯然並未依此而視歸州為高氏荊南巡屬。胡三省注謂歸州為高氏荊南巡屬之語，或有未當。是時歸、峽二州仍不轄於高氏荊南。此次蜀兵入歸州事件，或可理解為後梁與前蜀搶佔歸、峽地區的又一次軍事衝突，其結果是前蜀儘管再次攻入歸州，但仍然難以實施有效管轄。即便如此，前蜀為確保歸、峽戰略要地，仍竭力杜絕其他勢力進入。

乾化四年（914），高季興上峽攻蜀，為蜀所敗。關於此次攻取目標，《資治通鑑》卷二百六十九記為「夔、萬、忠、涪四州」〔註35〕；《新五代史‧前蜀世家》載作「侵蜀巫山」〔註36〕，似不含歸、峽。然《新五代史‧南平世

〔註30〕《新五代史》卷69《南平世家》，第856頁。
〔註31〕《資治通鑑》卷266，後梁太祖開平元年五月，第8680頁。
〔註32〕《十國春秋》卷100《荊南一‧武信王世家》，第1428頁。
〔註33〕《資治通鑑》卷266，後梁太祖開平二年二月，第8691頁。
〔註34〕《十國春秋》卷36《前蜀二‧高祖本紀下》，第509頁。
〔註35〕《資治通鑑》卷269，後梁均王乾化四年正月，8782頁。
〔註36〕《新五代史》卷63《前蜀世家》，第790頁。

家》又載：「以兵攻歸、峽。」〔註37〕是說有無依據？按，成書稍早的《錦里耆舊傳》和《九國志》均載其事，前書卷六云：「發兵攻峽路。」〔註38〕後書卷六曰：「荊南高季昌略地三峽。」〔註39〕故《新五代史・南平世家》之說，由來有自。歸、峽地處峽路、三峽之內，高季興出師於此，歸、峽自在攻擊範圍之列，顯係二州仍屬前蜀。《十國春秋・荊南一・武信王世家》則明言「以兵攻歸、峽」〔註40〕，但誤述此事於 912 年、914 年兩處。

自乾化四年（914）直至後梁敗亡，歸、峽地區再無兵端見諸史籍，歸、峽轄於前蜀的情形自無更改。《冊府元龜・宰輔部・貪黷》有此總結：「朱梁以高季興鎮荊州，與王建爭夔、峽，竟不能復。」〔註41〕從地理位置言，歸州較峽州近於夔州，峽州尚且不能復隸高氏荊南，又何談歸州？《資治通鑑》卷二百七十三、〔註42〕《十國春秋・荊南一・武信王世家》〔註43〕均載：高季興「常欲取三峽，畏蜀峽路招討使張武威名，不敢進」。朱梁一朝，歸、峽終究不為高氏荊南所有。及至後唐伐蜀，才乘唐兵勢出師歸、峽。此亦可證，歸、峽二州自後梁直至後唐前期不隸於高氏荊南而轄於前蜀。

因此，《新五代史・職方考》與《十國春秋・地理表下》關於歸、峽二州在後梁時期隸屬於前蜀的記載，於史有徵，並無不確。陶懋炳、蒲孝榮、楊偉立及朱玉龍在著述中沿承此說，自無不妥。而《中國歷史地圖集》（第五冊）之《前蜀》政區圖以前蜀不轄歸、峽，非是。

然而，令人費解的是，在有關史籍中，尚未見前蜀歸、峽二州官將活動的記載，失載原因何在？一方面，如上文所述，前蜀或未駐軍於該地區，與之相應，即有可能未任官於此，是故史籍無載。另一方面，前蜀或任官於歸、峽二州，但「五代亂世，文字不完，而史官所記亦有詳略」〔註44〕，終致湮沒無聞。傳世文獻中同樣不見後梁時期高氏荊南歸、峽二州官員的記錄。《舊

〔註37〕《新五代史》卷 69《南平世家》，第 856 頁。

〔註38〕（宋）句延慶：《錦里耆舊傳》卷 6，五代史書彙編本，第 10 冊，杭州出版社點校本 2004 年版，第 6037 頁。

〔註39〕《九國志》卷 6《前蜀・王宗壽傳》，第 3283。

〔註40〕《十國春秋》卷 100《荊南一・武信王世家》，第 1429 頁。

〔註41〕《冊府元龜》卷 338《宰輔部・貪黷》，第 3998 頁。

〔註42〕《資治通鑑》273，後唐莊宗同光三年十月，第 8942 頁。

〔註43〕《十國春秋》卷 100《荊南一・武信王世家》，第 1433 頁。

〔註44〕《新五代史》卷 59《司天考》，第 711 頁。

五代史・高從誨傳》載高從誨仕梁，嘗「領濠州刺史，改歸州刺史」〔註45〕。
濠州，後梁時期乃楊吳轄土。故此處所言「歸州刺史」亦當如「濠州刺史」，
同樣為遙領，實未親任其職。對於任職於高氏荆南政權的文臣武將，清代史
家吳任臣所撰《十國春秋・荆南三・列傳》搜羅較全，即令所收人物事蹟淹
沒，該書亦有簡短文字予以說明，惟獨不見後梁時期高氏荆南人物出仕歸、
峽二州的材料，其原因則只能歸結於歸、峽不屬高氏荆南。

二、後唐時期，歸、峽二州的歸屬

歸、峽在後唐莊宗朝，仍不屬高氏荆南。同光三年（925）秋，莊宗遣師
伐蜀。《資治通鑒》卷二百七十三云：莊宗「仍詔季興自取夔、忠、萬三州為
巡屬」〔註46〕。此載並不準確。按，《舊五代史・韋說傳》載：「季興請攻峽
內，莊宗許之：『如能得三州，俾為屬郡。』」〔註47〕胡三省注引《明宗實錄》
及《薛史・韋說傳》云：「討西蜀，季興請攻峽內，先朝許之，如能得三州，
俾為屬郡。」〔註48〕兩處記載文字相近，或出一源，均許以事成則予三州為
其屬郡，攻取目標卻皆為「峽內」，而峽內所轄地域並非僅限於夔、忠、萬三
州，其說前後似有不一。又按，《冊府元龜・宰輔部・徇私》備載其事，言之
甚確：「（高）季興請攻峽內，莊宗許之，如能得三州，俾為八（「入」之誤）
郡。」〔註49〕《新五代史・豆盧革傳》言：「季興請以兵入三峽，莊宗許之，
使季興自取夔、忠、萬、歸、峽等州為屬郡。」〔註50〕同書《南平世家》云：
「季興請以本道兵自取夔、忠、萬、歸、峽等州。」〔註51〕《十國春秋・荆
南一・武信王世家》載：後唐莊宗「仍詔（高季興）取夔、忠、萬、歸、峽五
州為巡屬」〔註52〕，因而，這次攻擊範圍應包括同處「峽內」「三峽」的夔、
忠、萬、歸、峽五州。由此可見，歸、峽地區在前蜀滅亡前的後唐前期仍屬前
蜀。另，《舊五代史・王建傳附王衍傳》有這樣一則記載：蜀東川節度使宋承
葆預見後唐將伐蜀，曾奏請防禦之策，內中有「南師出江陵，利則進取，否則

〔註45〕《舊五代史》卷133《高從誨傳》，第1752頁。
〔註46〕《資治通鑒》273，後唐莊宗同光三年九月，第8937頁。
〔註47〕《舊五代史》卷67《韋說傳》，第886頁。
〔註48〕《資治通鑒》卷275，後唐明宗天成元年六月胡三省注，第8987～8988頁。
〔註49〕《冊府元龜》卷337《宰輔部・徇私》，第3988頁。
〔註50〕《新五代史》卷28《豆盧革傳》，第303頁。
〔註51〕《新五代史》卷69《南平世家》，第857頁。
〔註52〕《十國春秋》卷100《荆南一・武信王世家》，第1433頁。

退保峽口」〔註53〕之句。峽口當指西陵峽口。蜀南師不指向歸、峽，而直接「出江陵」，惟有歸、峽轄於前蜀，此說方可成立。這是歸、峽仍為蜀土的又一例證。

　　同光三年（925）十一月，後唐滅前蜀。《資治通鑒》卷二百七十三載：伐蜀期間，高氏荊南水軍上峽取原管屬郡，蜀將張武擊卻之，旋「以夔、忠、萬三州遣使詣魏王降」〔註54〕。胡三省注引《明宗實錄》曰：「三川既定，季興無尺寸之功。」〔註55〕《舊五代史·韋說傳》同此。〔註56〕然而《明宗實錄》又載：「天成元年六月甲寅，高季興奏：『去冬先朝詔命攻取峽內屬郡，尋有施州官吏知臣上峽，率先歸投，忠、萬、夔三州旦夕期於收復，被郭崇韜專將文字約臣回歸，方欲陳論，便值更變。」胡三省認為「此說頗近實，故從之」。是以「季興奏請三州為屬郡，《舊史》誤云奏收復也」〔註57〕。《資治通鑒》關於此事的記載蓋本於此；據此亦可知，高季興伐蜀無功係事出有因；《舊五代史》所言「收復」當為「奏請」。仍須探究的是，上引《明宗實錄》所言高季興此役攻擊的具體目標及其後的奏請屬郡是否僅為忠、萬、夔三州？按，《舊五代史·唐莊宗紀七》、〔註58〕《冊府元龜·將帥部·獻捷二》〔註59〕均載：同光三年（925）十一月，荊南高季興奏，「收復歸、夔、忠等州」。後者誤係其事於「二月」。再結合上述胡三省注引文字，「收復」之語亦有未妥。但此載之「奏請」已明確提及「歸、夔、忠等州」，有異前引《明宗實錄》。《新五代史·豆盧革傳》詳敘其事云：「唐兵伐蜀，季興請以兵入三峽，莊宗許之，使季興自取夔、忠、萬、歸、峽等州為屬郡。及破蜀，季興無功，而唐用佗將取五州。」〔註60〕既然高季興伐蜀無功，是以包括歸、峽在內的五州悉為後唐所取。當然，據現有史料確已無法知曉後唐取歸、峽的具體時間，但置其事於同光三年（925）十一月，偏差或不至太大，本文即將此確定為歸、峽入後唐的時間。

　　同光四年（926）三月，高季興再次奏請劃割峽內原管屬郡隸歸當道。《舊

〔註53〕《舊五代史》卷136《王衍傳》，第1820頁。
〔註54〕《資治通鑒》卷273，後唐莊宗同光三年十月，第8942頁。
〔註55〕《資治通鑒》卷275，後唐明宗天成元年六月胡三省注，第8988頁。
〔註56〕《舊五代史》卷67《韋說傳》，第886頁。
〔註57〕《資治通鑒》卷275，後唐明宗天成元年六月胡三省注，第8988頁。
〔註58〕《舊五代史》卷33《唐莊宗紀七》，第460頁。
〔註59〕《冊府元龜》卷435《將帥部·獻捷二》，第5168頁。
〔註60〕《新五代史》卷28《豆盧革傳》，第303頁。

五代史·唐莊宗紀八》記為「夔、忠、萬等三州」〔註61〕。胡三省注引《莊宗實錄》載:「高季興請峽內夔、忠、萬等州割歸當道。」下引《十國紀年》亦作「夔、忠、萬三州」〔註62〕。二書所記略同。《冊府元龜·宰輔部·貪黷》亦載:「季興數遣使請峽內三州」〔註63〕。未列州名。《十國春秋·荊南一·武信王世家》作「夔、忠等州」〔註64〕。州數不明,且誤係其時於「二月」。究竟所請幾州?諸書所載不侔,似難取捨,但據下述明宗天成元年(926)有關史實,仍可判定歸、峽依舊未為高氏荊南領地。高季興此請獲許,詔命未下,莊宗遇弒,明宗入立。

歸、峽成為高氏荊南巡屬,事在明宗天成元年(926)六月。其時,高季興第三次奏請後唐朝廷割歸原管屬郡。《舊五代史·唐明宗紀二》云:「荊南節度使高季興上言:『夔、忠、萬三州,舊是當道屬郡,先被西川侵據,今乞卻割隸本管。』」〔註65〕《資治通鑑》卷二百七十五云:「高季興表求夔、忠、萬三州為屬郡,詔許之。」〔註66〕歸、峽不在請授之中。按,《舊五代史·高季興傳》云:「明宗即位,復請夔、峽為屬郡。」〔註67〕上引《舊五代史》兩處記載明顯不一。奏請係高季興所為,涉及此事之記述,其傳內容當較可徵信。另,參據《新五代史·豆盧革傳》所載「明宗初即位,(高)季興數請五州」〔註68〕之說,則此次奏請仍應包括歸、峽二州。《十國春秋·荊南一·武信王世家》言之甚詳:「王表求夔、忠、萬、歸、峽五州於唐為屬郡。」〔註69〕此奏終獲後唐朝廷許可。五州由此隸屬荊南,歸、峽在其內。據此亦可證明,同光末年,歸、峽不轄於高氏荊南。

天成元年(926)八月,高季興請後唐不除夔、忠、萬三州刺史,擬任以子弟,未得許可;乃乘夔州刺史罷官之機,襲據夔州,拒絕接受後唐委任刺史;且於峽口掠取後唐伐蜀所得財物,由是引來兵戎之爭。天成二年(927)二月,後唐出師高氏荊南;六月,西方鄴奪取夔、忠、萬三州,夔、忠、萬三

〔註61〕《舊五代史》卷34《唐莊宗紀八》,第474頁。
〔註62〕《資治通鑑》卷275,後唐明宗天成元年六月胡三省注,第8987~8988頁。
〔註63〕《冊府元龜》卷338《宰輔部·貪黷》,第3998頁。
〔註64〕《十國春秋》卷100《荊南一·武信王世家》,第1434頁。
〔註65〕《舊五代史》卷36《唐明宗紀二》,第501頁。
〔註66〕《資治通鑑》卷275,後唐明宗天成元年六月,第8987頁。
〔註67〕《舊五代史》卷133《高季興傳》,第1752頁。
〔註68〕《新五代史》卷28《豆盧革傳》,第303頁。
〔註69〕《十國春秋》卷100《荊南一·武信王世家》,第1434頁。

州復為後唐所有，「季興遂以荊、歸、峽三州臣于吳。」〔註70〕《十國春秋‧荊南一‧武信王世家》同此。〔註71〕歸、峽仍隸高氏荊南。

　　峽州自上述天成元年（926）六月入高氏荊南後，史籍中再未發現後唐時期峽州改隸的記載。與此不同的是，天成年間後期，歸州兩度入後唐。第一次是天成三年（928）三月。《舊五代史‧唐明宗紀五》云：「西方鄴上言，收復歸州。」又云：「於歸州殺敗荊南賊軍。」〔註72〕同書《西方鄴傳》稱：「又取歸州，數敗季興之兵。」〔註73〕《新五代史》本傳同此。〔註74〕是書《唐本紀‧明宗》亦載：「西方鄴克歸州」〔註75〕。《資治通鑒》卷二百七十六云：「西方鄴攻拔歸州。」〔註76〕惟誤係其時於「二月」。而《十國春秋‧荊南一‧武信王世家》注謂：「他書無取歸州之事。」〔註77〕此說殊非，《舊五代史考異‧西方鄴傳》已辯其謬：「薛《史》世久失傳，《十國春秋》所引悉本《通鑒考異》，殊不知《歐陽史‧西方鄴傳》本于薛《史》，有可徵信也。」〔註78〕至於內中所言「《通鑒》不載取歸州事」，亦誤。西方鄴取歸州誠可徵信，但歸州旋為高氏荊南攻取，《資治通鑒》卷二百七十六載：「未幾，荊南復取之。」胡三省注：「歸州，高季興巡屬也。」〔註79〕第二次是天成三年（928）十一月。史載：「忠州刺史王雅取歸州。」胡三省注：「忠州時屬夔州寧江軍，西方鄴所部也。歸州時屬荊南軍，高季興所部也。」〔註80〕後唐再獲歸州。

　　歸州何時重入高氏荊南？史無明文。天成三年（928）十二月，高季興薨，子從誨繼立。次年六月，「高從誨自稱前荊南行軍司馬、歸州刺史，上表求內附」〔註81〕。此處「歸州刺史」當指後唐明宗初年至臣於吳之前高從誨所任官職，此亦為史籍中所能見到的高氏荊南人物出任歸州刺史的最早記錄。同

〔註70〕　《新五代史》卷 69《南平世家》，第 857 頁。
〔註71〕　《十國春秋》卷 100《荊南一‧武信王世家》，第 1437 頁。
〔註72〕　《舊五代史》卷 39《唐明宗紀五》，第 536～537 頁。
〔註73〕　《舊五代史》卷 61《西方鄴傳》，第 824 頁。
〔註74〕　《新五代史》卷 25《西方鄴傳》，第 275 頁。
〔註75〕　《新五代史》卷 6《唐明宗紀》，第 59 頁。
〔註76〕　《資治通鑒》卷 276，後唐明宗天成三年二月，第 9013 頁。
〔註77〕　《十國春秋》卷 100《荊南一‧武信王世家》，第 1436 頁。
〔註78〕　（清）邵晉涵：《舊五代史考異》卷 2《西方鄴傳》，五代史書彙編本，第 1 冊，杭州出版社點校本 2004 年版，第 233 頁。
〔註79〕　《資治通鑒》卷 276，後唐明宗天成三年二月及胡三省注，第 9013 頁。
〔註80〕　《資治通鑒》卷 276，後唐明宗天成三年十一月及胡三省注，第 9024 頁。
〔註81〕　《資治通鑒》卷 276，後唐明宗天成四年六月，第 9030 頁。

年七月，後唐罷荊南招討使，高氏荊南仍奉後唐正朔。《冊府元龜・帝王部・姑息三》載：「長興九（「元」之誤）年（930）正月，荊南奏：峽州刺史高季雍、歸州刺史孫文乞且依舊任，從之。」〔註82〕此則材料明確反映出高氏荊南在歸、峽二州均設有刺史，可證是時歸、峽二州已屬高氏荊南。由此兩段記載，大致可推知，高氏荊南再度稱臣於後唐後，歸州隨之改隸，惜史乘有間，具體時間已無從知曉，但其事必在天成四年七月至長興元年正月之間。自此之後，歸、峽二州在後唐時期再未脫離高氏荊南管轄，如下相關史實可以印證此點：其一，高氏荊南自求內附後，事後唐甚謹，彼此間絕無干戈之舉；其二，後唐官員並無至歸、峽二州出仕的記錄。因此，歸、峽二州應無他屬之可能。

通過以上考察不難看出，歸、峽二州後唐時期的歸屬情況頗不一致。為便觀覽，茲列下表：

表1　後唐時期歸、峽二州隸屬表

時　間	歸　州	峽　州
同光元年（923）四月至同光三年（925）十一月	前蜀	前蜀
同光三年（925）十一月至天成元年（926）六月	後唐	後唐
天成元年（926）六月至天成三年（928）十一月	南平（注）	南平
天成三年（928）十一月至天成四年（929）七月	後唐	南平
天成四年（929）七月至長興元年（930）正月	歸屬不明	南平
長興元年（930）正月至清泰三年（936）十一月	南平	南平

注：天成三年三月，短期隸於後唐。

故而，歐陽修、吳任臣將後唐時期歸、峽二州籠統劃歸南平的記載，雖大致不誤，但究竟失之過簡。另，《輿地紀勝・荊湖北路・歸州・州沿革》引《五代職方考》云：「歸、峽二州自石晉以後並隸南平。」〔註83〕此說亦有失察。

〔註82〕《冊府元龜》卷178《帝王部・姑息三》，第2143頁。
〔註83〕（宋）王象之：《輿地紀勝》卷74《荊湖北路・歸州・州沿革》，中華書局影印本1992年版，第2457頁。

三、結語

後唐明宗朝，歸、峽既已成為高氏荊南屬郡，此一割據政權自此遂以荊、歸、峽三州為其基本版圖。後晉、後漢、後周三朝，高氏荊南大體以此三州為疆域，歸、峽轄於高氏荊南之情形未見變更。關於此點，諸史所載並無不同。史乘之中涉及此一歷史時期歸、峽二州的直接記述材料不為多見，此當為該地區兵戈不興、州屬無改之客觀史實的真實反映。後世論者對於歸、峽二州自後晉至後周時期的隸屬，亦迄無異議。是以，歸、峽二州於此時隸屬高氏荊南，固不爭之事實。

惟其如此，史籍中不乏南平歸、峽二州將官任刺史職的史料。茲略舉數例，後晉時，王保義曾任歸州刺史；〔註84〕高保融於開運末「領峽州刺史」〔註85〕。《十國春秋·荊南三·貞懿王世家》所載與此同。〔註86〕《新五代史·南平世家》記為：「從誨時，為節度副使，兼峽州刺史。」〔註87〕後漢乾祐元年（948）十二月，高保融在峽州刺史任上。〔註88〕《十國春秋·荊南四·康張傳》還有這樣一條記載，「康張，事文獻王為硤（峽）州長陽令」〔註89〕。文獻王乃高從誨諡號，其在位跨後唐、後晉、後漢三朝，依此載現已無法斷定康張任長陽令之具體朝代，姑且附識於此。後周顯德元年（954）前後，歸州刺史為高保勖。〔註90〕相關記載也見於他書，惟闕任職時間，但大致應為後漢、後周朝事。《入蜀記》卷六載：「又有周顯德中荊南判官孫光憲為知歸州高從讓所立碑。」〔註91〕《十國春秋·荊南三·列傳》載：高保膺「起家知峽州事」；高繼充「官至歸州刺史」〔註92〕。此外，後周時期還出現「荊歸峽觀察使」之差遣名稱，《冊府元龜·帝王部·封建》云：周太祖顯德元年正月，「以荊南節度、荊歸峽觀察等使、檢校太師、兼中書令、江陵尹、渤海郡

〔註84〕《舊五代史》卷76《晉高祖紀二》，第1003頁。

〔註85〕（元）脫脫等：《宋史》卷483《荊南高氏世家》，中華書局點校本1985年版，第13952頁。

〔註86〕《十國春秋》卷101《荊南三·貞懿王世家》，第1446頁。

〔註87〕《新五代史》卷69《南平世家》，第859頁。

〔註88〕《舊五代史》卷103《漢隱帝紀上》，第1352頁。

〔註89〕《十國春秋》卷103《荊南四·康張傳》，第1467頁。

〔註90〕《舊五代史》卷114《周世宗紀一》，第1522頁。

〔註91〕（宋）陸游撰，蔣方校注：《入蜀記校注》卷6，湖北人民出版社2004年版，第224頁。

〔註92〕《十國春秋》卷102《荊南三·高保膺傳》、《荊南三·高繼充》，第1459頁。

王高保融封南平王」〔註93〕。

　　鑒於後晉、後漢、後周三朝歸、峽二州隸屬於荊南，已成史家、論者之共識，其他史源之引證文中已無逐一展開之必要。因既無考辨之餘地，且為節省篇幅記，此段就此作結。雖如此處置，全文結構或有不美，亦博雅君子所不為，然就筆者草成斯篇之意旨而論，乃不得不為之矣。

　　總體而論，五代十國時期，歸、峽二州並非一直隸屬高氏荊南。具體而言，後梁時期，歸、峽二州隸於前蜀。後唐時期，莊宗朝絕大部分時間仍轄於前蜀，同光、天成之間，歸、峽二州始有改易，尤其是歸州隸屬更是多有反覆；直至天成、長興之際，歸州重入高氏荊南，高氏荊南的基本疆域方始最終確立為荊、歸、峽三州。後晉、後漢、後周三朝，這種狀況相沿未改，並一直延續到北宋乾德元年（963）南平亡於北宋。

原刊於《湖北大學學報》2008 年第 3 期

〔註93〕《冊府元龜》卷 129《帝王部‧封建》，第 1557 頁。

高氏荊南疆域考述〔註1〕

　　一朝一代所轄疆域及其盈縮變動，乃是朝代研究的基本問題，而高氏荊南（亦稱南平或北楚）之疆域問題，迄今未見專門考述。原因當與該國「地狹兵弱，介於吳楚為小國」，且高氏父子又「所向稱臣」，不以屈節為恥，「故諸國皆目為『高賴子』」〔註2〕有關。高氏荊南是五代十國時期南方九國之一，存在於後梁開國元年（907）至北宋乾德元年（963），共歷四世五主。據《新五代史・職方考》《十國春秋・地理表下》記載：南平後梁時始有荊州一地，後唐時又轄歸、峽三州。迄入宋，仍大體如此。但此載失之於簡，尚未清晰反映歸、峽二州隸入高氏荊南的具體經過。不唯如是，高氏荊南自創立至歸降於宋期間，疆域範圍並非一成不變。今可考知的是，夔、忠、萬三州曾於後唐天成（926～930）初年短暫隸入荊南，歷時未久，即入後唐，再後則被納入後蜀版圖。復州則在後梁至後唐期間的大部分時間歸屬荊南，大約在明宗天成年間始改隸中朝。而在荊南嘗試擴展其勢力範圍過程中，曾兩次用兵郢州，均未得逞。另外，高氏荊南所轄荊州較之前代已多領一縣，此即監利縣。以上數端，史籍均言之過簡，今人亦罕有論及。茲僅就史料所得略為勾稽，並抒一孔之見如次。失察之處，敬祈方家教正。

一、歸、峽二州的歸屬

　　關於歸州、峽州在五代十國時期的歸屬，史籍顯示：後梁王朝，係前蜀

〔註1〕 與業師蔦金芳教授合撰。
〔註2〕 （宋）歐陽修：《新五代史》卷69《南平世家》，中華書局點校本1974年版，第859頁。

領地；後唐、後晉、後漢、後周四朝，乃南平（高氏荊南）轄土。〔註3〕此說是否確鑿？揆諸載籍，後晉、後漢、後周三朝，歸州、峽州為高氏荊南所有，諸史所記皆同，向無異議。而後梁時期前蜀與高氏荊南究竟何者領有歸、峽，史籍所載卻未盡一致，《資治通鑑》卷二百六十四、二百六十五、二百七十四所載及胡三省注，視歸、峽為高氏荊南（南平）屬地。學界於此亦有不同意見，《中國歷史地圖集》（第五冊）所繪924年前蜀政區圖不包括歸、峽二州。〔註4〕亦有學者認為，後梁時期歸、峽二州不隸前蜀而屬高氏荊南。〔註5〕與上述觀點相左，陶懋炳、蒲孝榮、楊偉立及朱玉龍等在論著中明確指出，歸、峽二州後梁時轄於前蜀，後唐時隸歸高氏荊南。〔註6〕以上兩種說法，孰是孰非，頗有重加辯證的必要。

對於歸、峽二州在後梁、後唐時期的歸屬問題，筆者數年前曾撰文剖析，〔註7〕以下僅述歸、峽二州在梁、唐期間歸屬之主要梗概和相關結論，以省篇幅。

首先來看後梁時期歸、峽二州的歸屬。

後梁開平元年（907），朱全忠篡唐，高季昌被擢為荊南節度使。其後，荊南由後梁方鎮漸次演變為獨立割據王國。後梁建立伊始，荊南所轄地域僅有江陵，誠如《新五代史·南平世家》載：「季興始至，江陵一城而已。」〔註8〕可見，歸、峽不在高氏荊南管內。同年，王建稱帝，歸、峽應仍隸前蜀。

後梁期間，歸、峽地區時有戰事發生。開平二年（908），「蜀兵入歸州，執刺史張瑭」。胡三省注：「歸州，荊南巡屬。」又云：「不地曰入，言入之而不能有其地。」〔註9〕《十國春秋·前蜀二·高祖紀下》云：「我兵入歸州，

〔註3〕《新五代史》卷60《職方考》，第728頁。（清）吳任臣：《十國春秋》卷112《地理表下》，中華書局點校本1983年版，第1623頁。

〔註4〕中國歷史地圖集編輯組：《中國歷史地圖集》（第五冊），中華地圖學社1975年版，第86頁。

〔註5〕楊光華：《前蜀與荊南疆界辯誤》，《西南師範大學學報》1993年第4期。

〔註6〕陶懋炳：《五代史略》，人民出版社1985年版，第175頁。蒲孝榮：《四川政區沿革與治地今釋》，四川人民出版社1986年版，第268頁。楊偉立：《前蜀後蜀史》，四川社會科學出版社1986年版，第71頁；朱玉龍：《五代十國方鎮年表》，中華書局1997年版，第536頁。

〔註7〕曾育榮：《五代十國時期歸、峽二州歸屬考辨》，《湖北大學學報》2008年第3期。

〔註8〕《新五代史》卷69《南平世家》，第856頁。

〔註9〕（宋）司馬光：《資治通鑑》卷266，後梁太祖開平二年二月，中華書局點校本1956年版，第8691頁。

執梁刺史張瑭。」〔註10〕張瑭生平，現存史籍缺乏詳細記載，殊難詳考。而關於張瑭為何方刺史，《資治通鑑》並未明示，《十國春秋》則直言其為後梁刺史，未知何據。而後者據此立論明顯與前引《十國春秋·地理表下》所載後梁時期歸、峽隸前蜀而不屬南平（高氏荊南）的表述相牴牾。以此，張瑭雖為後梁刺史，《十國春秋》顯然並未依此而視歸州為高氏荊南巡屬。胡三省注謂歸州為高氏荊南巡屬之語，或有未當。

乾化四年（914），高季昌上峽攻蜀，為蜀所敗。關於此次攻取目標，史載作「侵蜀巫山」〔註11〕。《新五代史·南平世家》又載：「以兵攻歸、峽。」〔註12〕因歸、峽地處峽路、三峽之內，高季昌出師於此，歸、峽自在攻擊範圍之列，顯係二州仍屬前蜀。自此以降直至後梁敗亡，歸、峽地區再無兵端見諸史籍，歸、峽轄於前蜀的情形自無更改。《冊府元龜·宰輔部·貪黷》有此總結：「朱梁以高季興鎮荊州，與王建爭夔、峽，竟不能復。」〔註13〕從地理位置言，歸州較峽州近於夔州，峽州尚且不能復隸高氏荊南，又何談歸州？《資治通鑑》卷二百七十三、〔註14〕《十國春秋·荊南一·武信王世家》均載：高季昌「常欲取三峽，畏蜀峽路招討使張武威名，不敢進」〔註15〕。朱梁一朝，歸、峽終究不為高氏荊南所有。及至後唐伐蜀，才乘唐兵勢出師歸、峽。此亦可證，歸、峽二州自後梁直至後唐前期不隸於高氏荊南而轄於前蜀。

再來看後唐時期歸、峽二州的歸屬。

後唐莊宗朝，歸、峽二州仍不屬高氏荊南。同光三年（925）秋，莊宗遣師伐蜀。史載：伐蜀期間，高氏荊南水軍上峽取原管屬郡，蜀將張武擊卻之，旋「以夔、忠、萬三州遣使詣魏王降」〔註16〕。《明宗實錄》則曰：「三川既定，季興無尺寸之功。」〔註17〕《舊五代史·韋說傳》同此。〔註18〕然《明

〔註10〕《十國春秋》卷36《前蜀二·高祖紀下》，第509頁。
〔註11〕《新五代史》卷63《前蜀世家》，第790頁。
〔註12〕《新五代史》卷69《南平世家》，第856頁。
〔註13〕（宋）王欽若等：《冊府元龜》卷338《宰輔部·貪黷》，中華書局影印本1960年版，第3998頁。
〔註14〕《資治通鑑》卷273，後唐莊宗同光三年十月，第8942頁。
〔註15〕《十國春秋》卷100《荊南一·武信王世家》，第1433頁。
〔註16〕《資治通鑑》卷273，後唐莊宗同光三年十月，第8942頁。
〔註17〕《資治通鑑》卷275，後唐明宗天成元年六月胡三省注，第8988頁。
〔註18〕（宋）薛居正等：《舊五代史》卷67《韋說傳》，中華書局點校本1976年版，第886頁。

宗實錄》又載：天成元年六月（926）甲寅，「高季興奏：『去冬先朝詔命攻取峽內屬郡，尋有施州官吏知臣上峽，率先歸投，忠、萬、夔三州旦夕期於收復，被郭崇韜專將文字約臣回歸，方欲陳論，便值更變」〔註19〕。而據《新五代史·豆盧革傳》記載：「唐兵伐蜀，季興請以兵入三峽，莊宗許之，使季興自取夔、忠、萬、歸、峽等州為屬郡，及破蜀，季興無功，而唐用佗將取五州。」〔註20〕據此可知，既然高季興伐蜀無功，是以原轄於前蜀，包括歸、峽在內的五州悉為後唐所取。不過，據現有史料已然無法悉知後唐奪取歸、峽的具體時間，但置其事於同光三年（925）十一月，偏差或不至太大，本文即將此確定為歸、峽入後唐的時間。

同光四年（926）二月，高季興再次奏請劃割峽內原管屬郡隸歸當道。此請獲許，詔命未下，莊宗被弒，明宗入立。天成元年（926）六月，高季興第三次奏請後唐朝廷割歸原管屬郡。《舊五代史·高季興傳》云：「明宗即位，復請夔、峽為屬郡。」〔註21〕另有史籍亦載：「明宗初即位，（高）季興數請五州。」〔註22〕則此次奏請仍應包括歸、峽二州。此奏終獲後唐朝廷許可。五州由此隸屬荊南，歸、峽在其內。

天成元年（926）八月，高季興請後唐不除夔、忠、萬三州刺史，擬任以子弟，未得許可；乃乘夔州刺史罷官之機，襲據夔州，拒絕接受後唐委任刺史；又襲涪州，未果；且於峽口掠取後唐伐蜀所得財物，由是引來兵戎之爭。次年二月，後唐出師高氏荊南；六月，西方鄴奪取夔、忠、萬三州，此三州復為後唐所有，「季興遂以荊、歸、峽三州臣于吳」〔註23〕。《十國春秋》卷一百同此。〔註24〕歸、峽仍隸高氏荊南。

峽州自上述天成元年（926）六月入高氏荊南後，史籍中再未發現後唐時期峽州改隸的記載。與此不同的是，天成年間（926～930）後期，歸州兩度入後唐。第一次是天成三年（928）二月。史載：「西方鄴攻拔歸州。」〔註25〕而《十國春秋·荊南一·武信王世家》注謂：「他書無取歸州之事。」〔註26〕此說

〔註19〕《資治通鑑》卷275，後唐明宗天成元年六月胡三省注，第8988頁。
〔註20〕《新五代史》卷28《豆盧革傳》，第303頁。
〔註21〕《舊五代史》卷133《高季興傳》，第1752頁。
〔註22〕《新五代史》卷28《豆盧革傳》，第303頁。
〔註23〕《新五代史》卷69《南平世家》，第857頁。
〔註24〕《十國春秋》卷100《荊南一·武信王世家》，第1437頁。
〔註25〕《資治通鑑》卷276，後唐明宗天成三年二月，第9013頁。
〔註26〕《十國春秋》卷100《荊南一·武信王世家》，第1436頁。

殊非，清人邵晉涵已辯其謬：「薛《史》世久失傳，《十國春秋》所引悉本《通鑑考異》，殊不知《歐陽史・西方鄴傳》本於薛《史》，有可徵信也。」〔註27〕西方鄴取歸州誠可徵信，但歸州旋為高氏荊南攻取。即如史載：「未幾，荊南復取之。」胡三省注：「歸州，高季興巡屬也。」〔註28〕第二次是天成三年（928）十一月。史籍有云：「忠州刺史王雅取歸州。」胡三省注：「忠州時屬夔州寧江軍，西方鄴所部也。歸州時屬荊南軍，高季興所部也。」〔註29〕後唐再獲歸州。

歸州何時重入高氏荊南？史無明文。天成三年（928）十二月，高季興薨，子從誨繼立。次年六月，「高從誨自稱前荊南行軍司馬、歸州刺史，上表求內附」〔註30〕。此處「歸州刺史」當指後唐明宗初年至臣於吳之前高從誨所任官職，此亦為史籍中所能見到的高氏荊南人物出任歸州刺史的最早記錄。同年七月，後唐罷荊南招討使，高氏荊南仍奉後唐正朔。史載：「長興九〔元〕年（930）正月，荊南奏：峽州刺史高季雍、歸州刺史孫文乞且依舊任。從之。」〔註31〕此則材料明確反映出高氏荊南在歸、峽二州均設有刺史，鑒於荊南重為後唐藩屬，故此乃重申舊職而已，後唐從其奏。據此可知，因高氏荊南再度稱臣於後唐，歸州亦隨之改隸荊南。此後，歸、峽二州在後唐時期再未脫離高氏荊南管轄。

通過以上考察不難看出，歸、峽二州後唐時期的歸屬情況頗不一致。為便觀覽，茲表之於下：

表1　後唐時期歸、峽二州隸屬表

時　間	歸　州	峽　州
同光元年（923）四月至同光三年（925）十一月	前蜀	前蜀
同光三年（925）十一月至天成元年（926）六月	後唐	後唐
天成元年（926）六月至天成三年（928）十一月	南平（注）	南平
天成三年（928）十一月至天成四年（929）七月	後唐	南平
天成四年（929）七月至長興元年（930）正月	歸屬不明	南平
長興元年（930）正月至清泰三年（936）十一月	南平	南平

注：天成三年三月，短期隸於後唐。

〔註27〕　（清）邵晉涵：《舊五代史考異》卷2《西方鄴傳》，五代史書彙編本，第1冊，
　　　　　杭州出版社點校本2004年版，第233頁。
〔註28〕　《資治通鑑》卷276，後唐明宗天成三年二月及胡三省注，第9013頁。
〔註29〕　《資治通鑑》卷276，後唐明宗天成三年十一月及胡三省注，第9024頁。
〔註30〕　《資治通鑑》卷276，後唐明宗天成四年六月，第9030頁。
〔註31〕　《冊府元龜》卷178《帝王部・姑息三》，第2143頁。

由上可知，歐陽修、吳任臣將後唐時期歸、峽二州籠統劃歸南平的記載，雖大致不誤，但究竟失之過簡。另，《輿地紀勝·荊湖北路·歸州·州沿革》引《五代職方考》云：「歸、峽二州自石晉以後並隸南平。」〔註32〕此說亦有失察。

要之，五代十國時期，歸、峽二州並非一直隸屬高氏荊南。具體而言，後梁時期，歸、峽二州隸於前蜀。後唐時期，莊宗朝絕大部分時間仍轄於前蜀，同光（923～926）、天成（926～930）之際，歸、峽二州始有改易，尤其是歸州隸屬多有反覆；直至長興元年（930）正月或稍後，歸州重入高氏荊南，該政權的基本疆域最終確立為荊、歸、峽三州。後晉、後漢、後周三朝，上述狀況相沿未改，並一直延續到北宋乾德元年（963）高氏荊南滅亡。

二、夔、忠、萬三州的得而復失

後唐明宗天成初年（926～930），夔、忠、萬三州曾短暫隸屬於高氏荊南，雖歷時不長，但仍是探討高氏荊南疆域時應予關注的問題。對此，清人顧祖禹嘗言：同光四年（926）「兼有夔、忠、萬三州，尋復失之」〔註33〕。惜具體時間仍不甚清晰，試辨析如下。

夔、忠、萬三州自天復三年（903）為西川王建分割之後，截止後唐同光（923～926）初年，一直為王建政權所轄。在高季昌入主荊南之後，曾大動干戈，企圖奪取包括夔、忠、萬三州在內的峽內地區，但鎩羽而歸，無一收效。

後梁乾化四年（914）正月，高季昌麾師進擊峽路，攻擊範圍包括夔、萬、忠、涪、歸、峽等州。〔註34〕史籍又云：「發兵攻峽路。」〔註35〕或曰：「荊南高季昌略地三峽。」〔註36〕關於此次戰爭，相關史籍有如下記載：

〔註32〕（宋）王象之：《輿地紀勝》卷74《荊湖北路·歸州·州沿革》，中華書局影印本1992年版，第2457頁。

〔註33〕（清）顧祖禹：《讀史方輿紀要》卷6《歷代州域形勢六·唐下附五代九國》，中華書局點校本2005年版，第262頁。

〔註34〕《資治通鑒》卷269，後梁均王乾化四年正月，第8782頁；《新五代史》卷69《南平世家》，第857頁。

〔註35〕（宋）句延慶：《錦里耆舊傳》卷6，五代史書彙編本，第10冊，杭州出版社點校本2004年版，第6037頁。

〔註36〕（宋）路振：《九國志》卷6《前蜀·王宗壽傳》，五代史書彙編本，第6冊，杭州出版社點校本2004年版，第3283頁。

荊南高季昌略地三峽，（王）建以（王）宗壽為忠州節度使，兼行營招討使。以鐵鎖斷夷陵江，季昌戰艦不能進。宗壽禦之，大敗荊人，季昌奔歸。〔註37〕

荊南高季昌侵蜀巫山，（前蜀）遣嘉王宗壽敗之於瞿唐。〔註38〕

高季昌以蜀夔、萬、忠、涪四州舊隸荊南，興兵取之，先以水軍攻夔州。時鎮江節度使兼侍中嘉王宗壽鎮忠州，夔州刺史王成先請甲，宗壽但以白布袍給之。成先帥之逆戰，季昌縱火船焚蜀浮橋，招討副使張武舉鐵絚拒之，船不得進。會風反，荊南兵焚溺死者甚眾。季昌乘戰艦，蒙以牛革，飛石中之，折其尾，季昌易小舟而遁。荊南兵大敗，俘斬五千級。〔註39〕

王以夔、萬、忠、涪四州舊隸荊南，興兵攻蜀，夔州刺史王成先逆戰。王縱火船焚蜀浮橋，蜀招討副使張武舉鐵絚拒之，船不得進，我兵焚溺死者甚眾。會飛石中王戰艦之尾，王遁還，我兵大敗，俘斬五千級。〔註40〕

此次戰役以荊南大敗而告終，高氏圖謀夔、忠、萬三州的計劃破產，此三州仍為前蜀所轄。儘管高季昌有意收復荊南原管轄郡，然夔州之敗，令其刻骨銘心，終後梁一朝，再未舉兵於三峽地區。如史所言：「高季興常欲取三州，畏蜀峽路招討使張武威名，不敢進。」〔註41〕所以前引《冊府元龜》卷三百三十八即稱，高季興「與王建爭夔、峽，竟不能復」〔註42〕。

同光三年（925）九月，後唐伐蜀；十一月，前蜀滅亡。後唐舉兵進擊前蜀期間，高季興再度萌生奪取夔、忠、萬三州的念頭。史載：「初，帝舉軍平蜀，詔高季興率本軍沂〔泝〕峽，自收元管屬郡。荊南軍未進，偽蜀夔、萬連年率以州降繼發。」〔註43〕另有史料顯示：「初，唐兵伐蜀，季興請以本道兵自取夔、忠、萬、歸、峽等州，乃以季興為峽路東南面招討使，而季興未嘗出

〔註37〕《九國志》卷6《前蜀·王宗壽傳》，第3283頁。
〔註38〕《新五代史》卷63《前蜀世家》，第790頁。
〔註39〕《資治通鑒》卷269，後梁均王乾化四年正月，第8782頁。
〔註40〕《十國春秋》卷100《荊南一·武信王世家》，第1430頁。
〔註41〕《資治通鑒》卷273，後唐莊宗同光三年十月，第8942頁。《十國春秋》卷100《荊南一·武信王世家》同此。第1433頁。
〔註42〕《冊府元龜》卷338《宰輔部·貪黷》，第3998頁。
〔註43〕《冊府元龜》卷338《宰輔部·貪黷》，第3998頁。

兵。魏王已破蜀。」〔註44〕又有記載稱：伐蜀期間，高氏荊南水軍上峽，又為張武擊敗，夔、忠、萬三州遂降於魏王繼岌。〔註45〕兩說稍異，但高季興並未取得夔、忠、萬三州固為事實，此三州成為後唐屬地。誠如胡三省稱：「王衍既敗，三州歸唐。」〔註46〕

同光三年（925）十一月，後唐獲夔、忠、萬三州，季興即「奏請三州為屬郡」〔註47〕。這是高季興就此三州，向後唐朝廷提出的首次割隸請求。從其後的史實來看，這次奏請未獲許可。

同光四年（926）二月，高季興再次奏請莊宗，乞割夔、忠、萬等州隸歸荊南。史載：

> 荊南節度使高季興奏請峽內夔、忠、萬等州割歸當道，依舊管係，又請雲安監。……三川既平，季興數遣使請峽內三州，依舊為屬。又請雲安監務，朝廷未之許。季興數略劉皇后與（韋）說及宰臣豆盧革。時樞密使張居翰年暮性昏，不酌可否，私相款昵，曲為奏之，內外附葉，因喻其請。〔註48〕

這次奏請並非一蹴而就，季興曾屢屢遣使赴朝，起初並無成效。後通過賄賂劉皇后與宰臣豆盧革等，後唐莊宗才應允其請。未及下詔，次月，莊宗被害，明宗即位。

天成元年（926）六月，高季興第三次奏請割隸夔、忠、萬等州。〔註49〕《新五代史·豆盧革傳》載：「明宗初即位，（高）季興數請五州。」〔註50〕此奏亦頗多曲折，所謂「唐大臣以為季興請自取之，而兵出無功，不與。季興屢請，雖不得已而與之」，但後唐朝廷仍把持此數州刺史的除授之權。〔註51〕至此，夔、忠、萬三州終於在名義上隸歸高氏荊南。

時隔未久，天成元年（926）八月，「荊南高季興上言，峽內三州，請朝

〔註44〕《新五代史》卷69《南平世家》，第857頁。
〔註45〕《資治通鑑》卷273，後唐莊宗同光三年十月，第8942頁。
〔註46〕《資治通鑑》卷275，後唐明宗天成元年六月胡三省注，第8987頁。
〔註47〕《資治通鑑》卷275，後唐明宗天成元年六月胡三省注，第8988頁。
〔註48〕《冊府元龜》卷338《宰輔部·貪黷》，第3998頁。
〔註49〕《舊五代史》卷36《唐明宗紀二》，第501頁。《資治通鑑》卷275，後唐明宗天成元年六月，第8987頁。
〔註50〕《新五代史》卷28《豆盧革傳》，第303頁。
〔註51〕《新五代史》卷69《南平世家》，第857頁。

廷不除刺史」〔註52〕，試圖「自以子弟為之，唐主不允」〔註53〕。《舊五代史·高季興傳》載其事曰：「後朝廷除刺史，季興上言，稱已令子弟權知郡事，請不除刺史。」〔註54〕另有史籍亦載：「而唐猶自除刺史，季興拒而不納。」〔註55〕可見，後唐朝廷實則有意控制該地區，而無意置其於高氏荊南管下，原因即在於「夔、忠、萬三州，地連巴蜀，路扼荊蠻」〔註56〕，即該地區是捍禦兩川、控扼荊楚的兵家要地。儘管高季興拒絕接受朝廷所委任的各州刺史，但與後唐的矛盾尚未公開化。夔、忠、萬三州表面上仍為高氏荊南所控制。

在此之後，高季興對抗後唐朝廷的態度愈益彰顯，史載：

> 及夔州刺史潘炕罷官，季興輒遣兵突入州城，殺戍兵而據之。朝廷除奉聖指揮使西方鄴為刺史，不受；又遣兵襲涪州，不克。魏王繼岌遣押牙韓珙等部送蜀珍貨金帛四十萬，浮江而下，季興殺珙等於峽口，盡掠取之。朝廷詰之，對曰：「珙等舟行下峽，涉數千里，欲知覆溺之故，自宜按問水神。」〔註57〕

此類舉動使「不臣之狀既形」〔註58〕，終於激怒後唐明宗，遂於天成二年（927）二月下令出師征討，當年六月，西方鄴敗荊南水軍於峽中，復取夔、忠、萬三州。〔註59〕此三州不復為高氏荊南所有，高季興以荊、歸、峽三州臣於吳。〔註60〕

要之，夔、忠、萬三州在後唐明宗即位之初，曾一度隸歸高氏荊南，其具體時間為後唐明宗天成元年（926）六月至後唐明宗天成二年（927）六月，歷時足足一年。自此以後，高氏荊南亦放棄對此三州的領土要求，其西部邊境不出歸州。

〔註52〕《舊五代史》卷37《唐明宗紀三》，第508頁。

〔註53〕《十國春秋》卷100《荊南一·武信王世家》，第1434頁。

〔註54〕《舊五代史》卷133《高季興傳》，第1752頁。

〔註55〕《新五代史》卷69《南平世家》，第857頁。

〔註56〕《舊五代史》卷67《韋說傳》，第886頁。

〔註57〕《資治通鑒》卷275，後唐明宗天成二年二月，第9002頁。

〔註58〕《舊五代史》卷133《高季興傳》，第1752頁。

〔註59〕《資治通鑒》卷275，後唐明宗天成二年六月，第9006頁。《舊五代史》卷38《唐明宗紀四》載其事云：天成二年（927）七月，「夔州刺史西方鄴奏，殺敗荊南賊軍，收峽內三州。」第525頁。

〔註60〕《新五代史》卷69《南平世家》，第857頁。

三、復州的隸入與改隸

復州，在唐代為山南東道所轄，領竟陵、沔陽、監利三縣。〔註61〕五代時期，復州曾割隸荊南。不過，囿於史料匱乏，其間改隸情況難於一一予以澄清，故僅能述其大概如下。

據史籍所載：復州於「梁乾化二年（912）十月，割隸荊南。後唐天成二年（927）五月，卻隸襄州。晉天福五年（940）七月，直屬京，升為防禦」〔註62〕。《舊五代史・郡縣志》所載與此完全相同，〔註63〕兩者史源或同出一途。藉此可知，自後梁乾化二年（912）十月至後唐天成二年（927）五月的16年間，復州在荊南管內。至於後梁將復州改隸荊南的原因，上述記載並未明言，現存史籍中迄今亦尚未發現能夠對此予以說明的任何相關材料，故目前仍難就此做出解說。儘管如此，復州曾經納入荊南版圖當為事實。

然而，在上述16年時間內，復州是否改隸？文獻中有三種截然不同的記載。

其一，復州在後梁貞明五年（919）五月之前歸屬馬楚。史載：

> （貞明五年五月），楚人攻荊南，高季昌求救于吳，吳命鎮南節
> 度使劉信等帥洪、吉、撫、信步兵自瀏陽趣潭州，武昌節度使李簡
> 等帥水軍攻復州。信等至潭州東境，楚兵釋荊南引歸。簡等入復州，
> 執其知州鮑唐。〔註64〕

據此載所述，吳軍救援荊南所攻擊的復州應與潭州同屬馬楚，否則似無法理解應援荊南的吳軍何以有「入復州」之舉。據此而言，「其知州鮑唐」為馬楚復州知州鮑唐。而至少在貞明五年（919）五月和稍前，復州不隸於荊南，實屬馬楚。然而，史籍中缺乏關於馬楚何時、何故佔領復州的記載，故很難判斷馬楚據有復州的準確時間和管轄此地的時間跨度。並且，此役之後，復州

〔註61〕（唐）李吉甫：《元和郡縣圖志》卷23《山南道・復州》，中華書局點校本1983年版，第536～537頁。

〔註62〕（宋）王溥：《五代會要》卷20《州縣分道改置・山南道》，上海古籍出版社點校本1978年版，第332頁。

〔註63〕《舊五代史》卷150《郡縣志》，第2019頁。

〔註64〕《資治通鑑》卷270，後梁均王貞明五年五月，第8845～8846頁。《十國春秋》卷2《吳二・烈祖世家》同此。第52頁。另，《九國志》卷1《吳・李簡傳》稱：楊吳武義（919～921）初，鎮西大將軍李簡，「襲復州破之，俘知州鮑唐以獻。」第3229頁。《十國春秋》卷100《荊南一・武信王世家》亦云：「（李）簡入復州，執其知州鮑唐。」第1431頁。

歸屬何方，史籍中亦無交待。因而，是說疑點多多，可信度令人懷疑。

其二，復州仍屬後梁。吳任臣即云：

> 鮑唐，故梁復州知州。為吳將李簡所執，已而歸武信王，武信
> 王俾同倪可福隸戲下，遂與可福齊名。〔註65〕

直稱鮑唐為「梁復州知州」，則是吳軍借救援荊南之機，一舉攻陷後梁復州，復州為後梁轄地。不過，此說與《十國春秋·楚一·武穆王世家》〔註66〕所述相牴觸。而且，吳任臣認為，鮑唐本為梁將，復州淪陷後，為吳所執，此後方歸附武信王高季興。這種看法也與下引《新五代史·南平世家》所述不合。因此，是說亦難相信。

其三，鮑唐為高氏荊南復州知州，復州係荊南領地。史載：

> 季興招緝綏撫，人士歸之，乃以倪可福、鮑唐為將帥，梁震、
> 司空薰、王保義等為賓客。〔註67〕

此記載雖未明確係時，但由文意可知，其大致時間應在高季昌入據荊南之初，鮑唐即於此時便成為高季昌麾下，乃高氏荊南政權早期重要將領之一。據此而論，吳於貞明五年（921）攻打復州時，復州仍為荊南屬地。是說有無佐證？以下三點或有裨於此問題的解答。

首先，乾化二年（912）以後，後梁並未任命復州刺史。遍檢《舊五代史》《冊府元龜》《新五代史》諸書，尚未發現一例關於後梁王朝在乾化二年（912）之後任命復州刺史的記錄，後唐同光元年（923）之後此類記載方逐漸出現並增多（說詳後），此點當視為復州自乾化二年（912）之後不隸於後梁的明證。前引《五代會要·州縣分道改置》和《舊五代史·郡縣志》已明確指出，後梁乾化二年（912）十月，復州已改隸荊南。此前，復州則應屬後梁。後梁在此期間確曾任命復州刺史，《新五代史·劉玘傳》載：後梁山南東道亂軍誅殺節度使王班，劉玘被推為留後，後會同梁將陳暉平定亂軍，劉玘「以功拜復州刺史」〔註68〕。其他記載顯示，此事發生於後梁開平三年（909）七月。〔註69〕

〔註65〕《十國春秋》卷102《荊南三·鮑唐傳》，第1461頁。
〔註66〕《十國春秋》卷67《楚一·武穆王世家》稱：「（李）簡入復州，執知州鮑唐。」第941頁。可知，復州知州鮑唐為馬楚所任。
〔註67〕《新五代史》卷69《南平世家》，第856頁。
〔註68〕《新五代史》卷45《劉玘傳》，第499頁。
〔註69〕《資治通鑑》卷267，後梁太祖開平三年七月，第8714頁。

其次，上引《新五代史‧南平世家》已表明，高季昌入主荊南之初，鮑唐已在其麾下，與倪可福同為得力幹將。另，《十國春秋‧荊南四‧魏璘傳》稱：魏璘「事貞懿王為指揮使，勇略絕倫。……荊南自倪可福、鮑唐之後，故推璘為名將」〔註70〕。雖然此載缺乏明確係時，但仍以倪可福、鮑唐並舉，是知鮑唐應與倪可福同時，均係高氏荊南前期的重要武將。

最後，吳軍借應援荊南之機，趁勢攻打本屬於荊南的復州，亦有相當可能。史載：

> （乾化二年十二月），高季昌出兵，聲言助梁伐晉，進攻襄州，
> 山南東道節度使孔勍擊敗之，自是朝貢路絕。〔註71〕

可見，後梁太祖之後，荊南與後梁關係惡化，乃至公然對抗，不通朝貢。這種「絕貢賦累年」〔註72〕的情況，一直延續至後梁貞明三年（917）五月始有改觀。是月，「高季昌與孔勍脩好，復通貢獻」〔註73〕。其時，距復州之役僅整整兩年。鑒於吳與後梁間水火不容的關係，針對高季昌出爾反爾、背吳附梁的舉動，吳軍借應援為名，趁勢攻打荊南所轄復州，以示懲戒，這種可能性應該存在。嗣後吳並未據有其地，而將鮑唐放還荊南，則是出於緩和雙方關係的考慮。

據此可知，自乾化二年至後梁滅亡，復州一直轄於荊南，其間並無改隸。

後梁、後唐易代之際，復州方始脫離荊南，歸屬後唐，其原因或在於後唐的強取，或在於高季興的主動奉獻，其間原委，現已難知其詳，但復州在後唐初期隸屬於中朝，固為不爭之事實。同光元年（923）十月，後唐莊宗滅梁，大肆貶逐後梁舊臣，其中後梁翰林學士姚顗即被貶為復州司馬。〔註74〕竇廷琬，也有同光（923～926）初年「為復州遊奕使」〔註75〕的經歷。袁光輔，「同光中，為復州刺史」〔註76〕。凡此種種，均表明復州已改隸後唐。除此之外，尚有其他記載可資佐證。據載：高季興朝覲後唐莊宗之後，心懷怨

〔註70〕《十國春秋》卷103《荊南四‧魏璘傳》，第1467頁。
〔註71〕《資治通鑒》卷268，後梁太祖乾化二年十二月，第8764頁。
〔註72〕《十國春秋》卷100《荊南一‧武信王世家》，第1429頁。
〔註73〕《資治通鑒》卷269，後梁均王貞明三年五月，第8815頁。
〔註74〕《舊五代史》卷30《唐莊宗紀四》，第413頁。同書卷92《姚顗傳》同此，第1214頁。
〔註75〕《舊五代史》卷74《竇廷琬傳》，第972頁。
〔註76〕《冊府元龜》卷825《總錄部‧名字二》，第9798頁。

憤，「以兵襲取復州之監利、玉沙二縣」〔註77〕。另有史籍亦稱：「唐同光中，將兵守復州監利。武信王之朝唐也，莊宗欲陰圖之，既疾趣歸，遂以兵攻監利、星沙二縣，延嗣兵敗，為王所獲。」〔註78〕惟復州隸於後唐，故高季興借攻復州之監利縣，以發洩其不滿。可見，復州在後唐莊宗同光初年的確屬於後唐。

但此次更改持續的時間並不長，次年，復州又重隸荊南。史載：同光二年（924）五月，後唐莊宗下詔：「割復州為荊南屬郡。」〔註79〕即為明證。此次改隸之後，史籍中再未發現後唐莊宗朝任命復州刺史的事例。由此可知，後唐同光二年（924）五月之後，復州重又隸於荊南。

後唐明宗在位期間，復州隸屬又有變更，惜史料記載多有衝突，茲將相關記述爬梳如下，以見梗概。

「（明宗天成）三年（928）四月，復州刺史周令武飛狀上言：湖南大軍與淮南賊將王茂求等戰於道人磯。」〔註80〕此處復州刺史周令武顯係後唐所除，由是表明，復州為後唐所有。

梁延嗣為高季興所獲後，「至從誨既立，擢為大校，遂承制授歸州刺史。未幾，又遷復州團練使，仍掌親軍」〔註81〕。據此可知，梁延嗣當於從誨繼位之初，就任復州團練使，復州當為荊南所轄。按，從誨嗣位，乃在高季興卒於天成三年（928）十二月二十五日後，其在位時間迄至後漢乾祐元年（948）十一月。那麼，梁延嗣任職當在後唐明宗天成（926～930）、長興（930～933）之際，即大約在長興元年（930）前後。

兩相比較，前一條材料所記在任復州刺史的時間，略早於後一條，但其時間前後相距亦不過兩年。是否自後唐明宗即位之初，復州即屬後唐？抑或

〔註77〕按，此載以玉沙為五代復州之屬，於史不合，當係宋人之誤。據《輿地紀勝》卷76《荊湖北路·復州·玉沙縣》載：玉沙縣，「本監利、沔陽二縣地，後梁開平四年（910）分漢江南為白沙徵料院，隸江陵縣。皇朝乾德三年（965）陞為玉沙縣，隸江陵府」，第2508頁。另，（宋）周羽翀：《三楚新錄》卷3敘其事時，係其時為天成（926～929）初。五代史書彙編本，第10冊，杭州出版社點校本2004年版，第6329頁。亦誤，今不取。
〔註78〕《十國春秋》卷103《荊南四·梁延嗣傳》，第1469頁。
〔註79〕《舊五代史》卷32《唐莊宗紀六》，第436頁。
〔註80〕《冊府元龜》卷435《將帥部·獻捷二》，第5168頁。
〔註81〕《三楚新錄》卷3，第6329頁。《十國春秋》卷103《荊南四·梁延嗣傳》亦稱：「至文獻王立，擢為大校，承制授歸州刺史。已又領復州團練使，仍掌親軍。」第1469頁。

是天成四年（929）六月，鑒於高從誨「求表內附」〔註82〕，後唐又將復州割
隸荊南呢？或許兩者又兼而有之呢？

　　事實上，自明宗天成二年（927）二月之後，荊南與後唐已成對峙之狀，
後唐並曾出兵攻伐荊南。其間原委本末，即如史載：

> 明宗即位，復請夔、峽為屬郡，初俞其請，後朝廷除刺史，季
> 興上言，稱已令子弟權知郡事，請不除刺史。不臣之狀既形，詔削
> 奪其官爵。天成初，命西方鄴興師收復三州，又遣襄州節度使劉訓
> 總兵圍荊南，以問其罪。屬霖潦，班師。〔註83〕

高季興請後唐不除夔、忠、萬三州刺史，事在天成元年（926）八月；天成二
年（927）二月，後唐即出師荊南；六月，西方鄴奪取夔、忠、萬三州。嗣後，
「季興遂以荊、歸、峽三州臣于吳」〔註84〕。據此，是否就可斷言，此次用
兵波及復州，而且後唐軍隊乘機攻佔其地？結合前引《五代會要》的記載，
天成二年（927）五月，復州割隸襄州，應該就是上述情形發生的結果。故而，
前引《冊府元龜》之記載亦可徵信；而至天成四年（929）七月，後唐明宗赦
高從誨無罪之後，復州又重入荊南，則《三楚新錄》之記載亦不誣。此說缺乏
史源論證，或多少有些牽強，仍需置諸高明評判。

　　上引史料明確顯示，天成三年（928）四月後唐任命復州刺史，迄止末帝
清泰三年（936）八月，再無復州刺史的任職情況記錄。史載：清泰三年（936）
八月，「復州刺史郭延魯貢錢五百貫、馬十匹，助征。」〔註85〕《舊五代史·
郭延魯傳》亦稱：「清泰（934～936）中，遷復州刺史，正俸之外，未嘗斂貸，
庶事就理，一郡賴焉。」〔註86〕《新五代史》本傳同。〔註87〕據是，復州已
於清泰年間改隸後唐無疑。也正是自此時伊始，史籍中再未見到荊南領有復
州的任何記述，復州至此歸屬中朝，終五代而弗改。

　　後晉天福元年（936），「復州竟陵，晉改曰景陵」〔註88〕。其間原因，誠
如史載：「石晉改竟陵曰景陵郡」，避晉諱故也，〔註89〕則其時復州當隸後晉。

〔註82〕　《資治通鑒》卷276，後唐明宗天成四年六月，第9030頁。
〔註83〕　《舊五代史》卷133《高季興傳》，第1752頁。
〔註84〕　《新五代史》卷69《南平世家》，第857頁。
〔註85〕　《冊府元龜》卷485《邦計部·濟軍》，第5799頁。
〔註86〕　《舊五代史》卷94《郭延魯傳》，第1248頁。
〔註87〕　《新五代史》卷46《郭延魯傳》，第516頁。
〔註88〕　《新五代史》卷60《職方考》，第744頁。
〔註89〕　《輿地紀勝》卷76《荊湖北路·復州·州沿革》，第2507頁。

天福五年（940）七月，後晉高祖升復州為防禦州。〔註90〕自此以降，出任復州的軍政長官概以防禦使為名。如後晉高祖時，吳巒曾任復州防禦使；〔註91〕白延遇曾遷復州防禦使。〔註92〕

綜上所述，復州改隸情況極為複雜，隸屬荊南的時間大致在後梁乾化二年（912）至後唐末帝清泰期間，其間又在同光初年和天成二年（927）兩度改隸後唐，至遲至後唐清泰三年（936）八月，復州重隸中朝，後晉、後漢、後周三朝因之不變。

四、監利縣的隸入與郢州的求割未果

先來看監利縣的隸入。

監利縣（今湖北監利縣），係唐代復州下轄三縣之一。《通典·州郡十三·古荊州》載：復州領三縣，即沔陽、竟陵、監利。〔註93〕五代時期，監利縣改屬荊州，成為高氏荊南轄地。據《新五代史·職方考》稱：「監利，故屬復州，梁割隸江陵。」〔註94〕另有史籍亦載：監利縣，唐時屬復州，後梁改隸江陵府。〔註95〕《十國春秋·十國地理表下》亦曰：監利，「舊屬復州，梁時來屬」〔註96〕。三者均指出監利入荊南之時為後梁，惜皆未標明確切時間。吳任臣又引據《新五代史》所記「監利故屬復州，梁割隸江陵」，認為「武信王（高季興）得監利之後，始屬荊州矣」〔註97〕。那麼，武信王又何時據有監利縣呢？

實際上，關於監利縣併入荊州的時間，史籍所載未盡一致。

〔註90〕《五代會要》卷20《州縣分道改置·山南道》第332頁。（宋）樂史：《太平寰宇記》卷144《山南東道三·復州》亦載：「晉天福五年（940）升為防禦州。」中華書局點校本2007年版，第2802頁。

〔註91〕《舊五代史》卷95《吳巒傳》，第1267頁。《新五代史》卷29《吳巒傳》亦有是載，第325頁。

〔註92〕《舊五代史》卷124《白延遇傳》，第1635頁。

〔註93〕（唐）杜佑：《通典》卷183《州郡十三·古荊州》，中華書局點校本1988年版，第4868頁。另，《元和郡縣圖志》卷21《山南道二》，第536～537頁；（後晉）劉煦等：《舊唐書》卷39《地理志二·山南東道》，中華書局點校本1975年版，第1549頁；（宋）歐陽修、宋祁：《新唐書》卷40《地理志四·山南道》，中華書局點校本1975版，第1033頁。以上三者所載皆同於此。

〔註94〕《新五代史》卷60《職方考》，第744頁。

〔註95〕（元）馬端臨：《文獻通考》卷319《輿地考五·古荊州·江陵府》，中華書局影印本1986年版，考二五〇六。

〔註96〕《十國春秋》卷112《十國地理表下》，第1622頁。

〔註97〕《十國春秋》卷103《荊南四·梁延嗣傳》，第1469頁。

《太平寰宇記·山南東道五·荊州·監利縣》載：

　　梁開平三年以荊州割據，遂屬荊州。〔註98〕

《輿地廣記·荊湖北路上》稱：

　　唐屬復州，朱梁開平三年來屬。〔註99〕

據是，則監利縣併入荊州的時間為後梁開平三年（909）。

值得關注的是，在此之後，監利縣隸屬情況有無變動？史載朝唐之後：

　　自是季興怨憤，以兵襲取復州監利、玉沙二縣，命震草奏，請以江為界。……既而奏發，未幾，朝廷遣夏魯奇、房知溫領兵來伐。〔註100〕

另有史載亦云：

　　有梁延嗣者，復州景陵人。唐天成中，將兵守復州監利。季興之入觀也，莊宗欲殺之，既而逃歸，益懷怨憤，遂以兵攻取復之監利、星〔玉〕沙二縣。延嗣兵敗，為季興所獲。至從誨既立，擢為大校，遂承制授歸州刺史。未幾，又遷復州團練使，仍掌親軍。〔註101〕

又有史籍稱：

　　唐同光中，將兵守復州監利。武信王之朝唐也，莊宗陰欲圖之，既疾趣歸，遂以兵攻監利、星〔玉〕沙二縣，延嗣兵敗，為王所獲。〔註102〕

　　由上述三段記載可知，後唐期間荊南曾攻取監利縣，惟具體時間各說不同。按，以上三說之中，前者雖係時不明，然結合前引相關史實，可知後唐討伐荊南乃在天成二年（927）二月，故荊南襲取監利之時當距此未遠，或在天成元年。後兩者一曰「天成中」，一曰「同光中」。然據三者文意可知，季興「怨憤」所指為後唐莊宗，故荊南攻取監利縣應在後唐莊宗朝。莊宗年號同

〔註98〕《太平寰宇記》卷146《山南東道五·荊州·監利縣》，第2845頁。

〔註99〕（宋）歐陽忞：《輿地廣記》卷27《荊湖北路上·江陵府》，四川大學出版社點校本2003年版，第776頁。

〔註100〕（宋）陶岳：《五代史補》卷4《梁震神贊》，五代史書彙編本，第5冊，杭州出版社點校本2004年版，第2517頁。按，此處以「玉沙」為縣，有誤，前已辯明，茲不贅。

〔註101〕《三楚新錄》卷3，第6329頁。按，此載所云「天成（926～929）初」、玉沙縣，均誤，皆見前揭，不贅。

〔註102〕《十國春秋》卷103《荊南四·梁延嗣傳》，第1469頁。

光，而季興朝唐歸來乃在同光元年十二月，〔註103〕襲取監利縣之事當在莊朝同光年間，係時於「天成中」恐誤，茲不取。高季興能俘獲駐守監利縣的梁延嗣，其地亦當為季興所佔據。即此而論，監利縣當於是時再度改屬荊州。

粗略來看，上述兩種說法，似有岐異。據前引《通典》《新五代史》《文獻通考》與《十國春秋》諸書所載，監利縣自後梁開平三年（909）已隸歸荊州，又何以在同光初年，高氏荊南又要「以兵襲取」呢？換一個思路，如果上述記載均不誤，則在後梁、後唐之間，監利縣必有改隸情況發生。聯繫上文關於復州隸屬高氏荊南情況的討論，復州自後梁乾化二年（912）十月，即已割隸江陵，此時復州已不領監利縣，而僅存竟陵（今湖北天門市）和沔陽（治今湖北仙桃市西南沔城鎮）二縣，監利縣已為高氏荊南的荊州所領；而在後梁、後唐易代之際，監利縣極有可能同復州一併隸入後唐，並且恢復其原有隸屬關係。只是到同光初年，高季興憑藉武力方將其再度隸於荊州。這種解釋或牽強之嫌，但糅合了上述兩種不同觀點，亦非無稽之談，其實情有俟將來再考。

另外，監利縣在五代時期的改屬，也使自唐代以來的荊州轄縣狀況發生變更。史載：自貞觀八年（634）後，江陵（荊州）領七縣；即江陵、枝江、松滋、當陽、公安、長林、石首。〔註104〕貞元二十一年（805），析長林置荊門縣，始有八縣。〔註105〕監利縣割隸高氏荊南的荊州之後，荊州所領縣增至九縣。即如史載：江陵府（荊州）領縣八，即江陵、枝江、松滋、監利、石首、當陽、公安、長林。荊門軍，治當陽，尋省。〔註106〕荊門軍，即以唐代荊門縣和當陽縣為領地，治當陽。所以，在五代較長時間內，荊州實際領有九縣。由於其後荊門軍或興或廢，宋初又在本區新增數縣，荊州一度管轄12縣，《太平寰宇記·山南東道五·荊州》即稱：荊州，「元領縣八，今九。江陵、枝江、公安、松滋、石首、建寧、潛江、玉沙（以上三縣新置）、監利（復州割隸）。三縣割出：荊門別為軍，當陽入荊門，武安並入荊門軍。」〔註107〕其中的玉沙縣，「本監利、沔陽二縣地，後梁開平四年（910）分漢江南為白沙徵料院，隸江陵縣。皇朝乾德三年（965）陞為玉沙縣，隸江陵

〔註103〕《資治通鑑》卷272，後唐莊宗同光元年十二月，第8910頁。
〔註104〕《通典》卷183《州郡十三·古荊州》，第4859頁。《舊唐書》卷39《地理志二·山南道》同此，第1552～1553頁。
〔註105〕《新唐書》卷40《地理志四·山南道》，第1028頁。
〔註106〕《十國春秋》卷112《地理表下》，第1622～1623頁。
〔註107〕《太平寰宇記》卷146《山南東道五·荊州》，第2833頁。

府。」〔註108〕可見，儘管唐宋之際荊州轄縣屢有增減，但自五代高氏荊南統治時期以降，原轄於復州之監利縣長期隸屬荊州。

再來看郢州的求割未果。

唐代郢州領京山、長壽、富水三縣，〔註109〕五代因之。後晉、後漢時期，高氏荊南兩度乞中朝割郢州隸於荊南，且採取過軍事行動，但均未能奏效。

第一次求郢州未果，乃在後晉少帝即位之初。襄州安從進反叛後晉，後晉高祖天福六年（941）十一月，「晉師致討，從誨遣將李端以舟師為應，（安）從進誅，從誨求郢州為屬郡，高祖不許」〔註110〕。實際上，拒絕高從誨割隸郢州者，並非後晉高祖，而是後晉少帝。按，後晉高祖石敬瑭已於天福七年（942）六月駕崩，是月，後晉少帝石重貴嗣位；〔註111〕同年八月，後晉高行周攻陷襄州，安從進自焚而死。〔註112〕故「王求郢州為屬郡，晉不許」〔註113〕，實乃後晉少帝登基不久的事。此次請求遭拒，高氏荊南不了了之。

第二次乞割郢州為屬郡，發生於後晉、後漢更迭之際。史載：

> 及契丹入汴，漢高祖起義於太原，間道遣使奉貢，密有祈請，言俟車駕定河、汴，願賜郢州為屬郡，漢祖依違之。及入汴，從誨致貢，求踐前言，漢高祖不從。〔註114〕

《新五代史·南平世家》亦稱：

> 契丹滅晉，漢高祖起太原，從誨遣人間道奉表勸進，且言漢得天下，願乞郢州為屬，漢高祖陽諾之。高祖入汴，從誨遣使朝貢，因求郢州，高祖不與。〔註115〕

後漢高祖此舉卻使高從誨極度不滿。天福十二年（947）六月，後漢加恩使至荊南，高從誨「拒而不受」。胡三省注：「自唐以來，新君踐祚，則遣使加恩於諸鎮。」〔註116〕從誨拒絕加恩，顯然是對後漢高祖不踐前言有所怨恨。事態至此並未止步，接下來高從誨一度採取過激的軍事行動。當年七月，杜重威據

〔註108〕《輿地紀勝》卷76《荊湖北路·復州·玉沙縣》，第2508頁。
〔註109〕《舊唐書》卷39《地理志二·山南東道》，第1548～1549頁。
〔註110〕《新五代史》卷69《南平世家》，第858頁。
〔註111〕《舊五代史》卷80《晉高祖紀六》，第1062頁。
〔註112〕《舊五代史》卷81《晉少帝紀一》，第1071頁。
〔註113〕《十國春秋》卷101《荊南二·文獻王世家》，第1443頁。
〔註114〕《舊五代史》卷133《高季興傳附高從誨傳》，第1753頁。
〔註115〕《新五代史》卷69《南平世家》，第858頁。
〔註116〕《資治通鑑》卷287，後漢高祖天福十二年六月及胡三省注，第9368頁。

郢都反叛後漢。高從誨聞訊，即於次月發水軍襲後漢襄州，不料卻為後漢山南東道節度使安審琦所敗；又寇郢州，為後漢郢州刺史尹實擊敗。〔註117〕乾祐元年四月（948），荊南再次陳兵於郢州，仍未遂願。〔註118〕

此次郢州之爭的未果，導致高氏荊南與後漢關係徹底惡化，其臣屬關係亦因此而中斷。誠如史載：「從誨自求郢州不得，遂自絕於漢。逾年，復通朝貢。」〔註119〕史料又稱：「王乃絕漢，附於唐、蜀。」〔註120〕高氏荊南將其疆域擴及至郢州的目的，最終未能實現。

結語：疆域沿革大勢

高氏荊南疆域的沿革，《新五代史·職方考》與《十國春秋·地理表下》皆僅述荊、歸、峽三州，未能準確反映其演變之具體軌跡。實際上，高氏荊南前期疆域伸縮較大，除歸、峽二州在明宗即位初年隸入外，復州、夔州、忠州、萬州等都在不同時期，一度納入高氏荊南轄境。並且，原屬復州的監利縣，自後梁割隸後，直至高氏荊南歸降於末，長期屬荊州。此類相關事實，前節已分別有所敘述。但因其間頭緒較多，不便察看，今依上節所述，表之如下。

表2 高氏荊南疆域沿革一覽表

歸屬　州（縣） 時間	州（縣）名							
	荊	歸	峽	復	監利縣	夔	忠	萬
後梁開平元年（907）四月	有	前蜀	前蜀	後梁	後梁	前蜀	前蜀	前蜀
開平二年（908）	有	前蜀	前蜀	後梁	後梁	前蜀	前蜀	前蜀
開平三年（909）	有	前蜀	前蜀	後梁	有	前蜀	前蜀	前蜀
開平四年（910）	有	前蜀	前蜀	後梁	有	前蜀	前蜀	前蜀
乾化元年（911）	有	前蜀	前蜀	後梁	有	前蜀	前蜀	前蜀
乾化二年（912）十月	有	前蜀	前蜀	有	有	前蜀	前蜀	前蜀
乾化三年（913）	有	前蜀	前蜀	有	有	前蜀	前蜀	前蜀
乾化四年（914）	有	前蜀	前蜀	有	有	前蜀	前蜀	前蜀

〔註117〕《資治通鑒》卷287，後漢高祖天福十二年八月，第9375頁。
〔註118〕《舊五代史》卷101《漢隱帝紀上》，第1346～1347頁。
〔註119〕《新五代史》卷69《南平世家》，第859頁。
〔註120〕《十國春秋》卷101《荊南二·文獻王世家》，第1444頁。

貞明元年（915）	有	前蜀	前蜀	有	有	前蜀	前蜀	前蜀
貞明二年（916）	有	前蜀	前蜀	有	有	前蜀	前蜀	前蜀
貞明三年（917）	有	前蜀	前蜀	有	有	前蜀	前蜀	前蜀
貞明四年（918）	有	前蜀	前蜀	有	有	前蜀	前蜀	前蜀
貞明五年（919）	有	前蜀	前蜀	有	有	前蜀	前蜀	前蜀
貞明六年（920）	有	前蜀	前蜀	有	有	前蜀	前蜀	前蜀
龍德元年（921）	有	前蜀	前蜀	有	有	前蜀	前蜀	前蜀
龍德二年（922）	有	前蜀	前蜀	有	有	前蜀	前蜀	前蜀
後唐同光元年（923）四月	有	前蜀	前蜀	後唐	後唐	前蜀	前蜀	前蜀
後唐同光二年（924）五月	有	前蜀	前蜀	有	有[1]	前蜀	前蜀	前蜀
同光三年（925）十一月	有	後唐	後唐	有	有	後唐	後唐	後唐
天成元年（926）六月	有	有	有	有	有	有	有	有
天成二年（927）六月	有	有	有	後唐[2]	有	後唐	後唐	後唐
吳乾貞二年（928）十一月	有	後唐[3]	後唐	後唐	後唐	後唐	後唐	後唐
乾貞三年（929）七月	有	不明	有	或有[4]	後唐	後唐	後唐	後唐
後唐長興元年（930）正月	有	有	有	或有	有	後唐	後唐	後唐
長興二年（931）	有	有	有	或有	有	後唐	後唐	後唐
長興三年（932）	有	有	有	或有	有	後唐	後唐	後唐
長興四年（933）	有	有	有	或有	有	後唐	後唐	後唐
清泰元年（934）四月	有	有	有	後唐	有	後蜀	後蜀	後蜀
清泰二年（935）	有	有	有	後唐	有	後蜀	後蜀	後蜀
後晉天福元年（936）	有	有	有	後晉	有	後蜀	後蜀	後蜀
後晉天福二年（937）	有	有	有	後晉	有	後蜀	後蜀	後蜀
天福三年（938）	有	有	有	後晉	有	後蜀	後蜀	後蜀
天福四年（939）	有	有	有	後晉	有	後蜀	後蜀	後蜀
天福五年（940）	有	有	有	後晉	有	後蜀	後蜀	後蜀
天福六年（941）	有	有	有	後晉	有	後蜀	後蜀	後蜀
天福七年（942）	有	有	有	後晉	有	後蜀	後蜀	後蜀
天福八年（943）	有	有	有	後晉	有	後蜀	後蜀	後蜀
開運元年（944）	有	有	有	後晉	有	後蜀	後蜀	後蜀
開運二年（945）	有	有	有	後晉	有	後蜀	後蜀	後蜀
開運三年（946）	有	有	有	後晉	有	後蜀	後蜀	後蜀

後漢天福十二年（947）	有	有	有	後漢	有	後蜀	後蜀	後蜀
乾祐元年（948）	有	有	有	後漢	有	後蜀	後蜀	後蜀
乾祐二年（949）	有	有	有	後漢	有	後蜀	後蜀	後蜀
乾祐三年（950）	有	有	有	後漢	有	後蜀	後蜀	後蜀
後周廣順元年（951）	有	有	有	後周	有	後蜀	後蜀	後蜀
廣順二年（952）	有	有	有	後周	有	後蜀	後蜀	後蜀
廣順三年（953）	有	有	有	後周	有	後蜀	後蜀	後蜀
顯德元年（954）	有	有	有	後周	有	後蜀	後蜀	後蜀
顯德二年（955）	有	有	有	後周	有	後蜀	後蜀	後蜀
顯德三年（956）	有	有	有	後周	有	後蜀	後蜀	後蜀
顯德四年（957）四月	有	有	有	後周	有	後蜀	後蜀	後蜀
顯德五年（958）	有	有	有	後周	有	後蜀	後蜀	後蜀
顯德六年（959）	有	有	有	後周	有	後蜀	後蜀	後蜀
北宋建隆元年（960）	有	有	有	北宋	有	後蜀	後蜀	後蜀
建隆二年（961）	有	有	有	北宋	有	後蜀	後蜀	後蜀
建隆三年（962）	有	有	有	北宋	有	後蜀	後蜀	後蜀
乾德元年（963）二月	有	有	有	北宋	有	後蜀	後蜀	後蜀

注：①監利縣，或於同光初年改隸中朝，不久即重入高氏荆南。
　　②復州，或於天成二年（927）二月稍後，改隸後唐。
　　③歸州，或於天成三年（928）二月，短期隸於後唐。
　　④復州，或於天成三年（928）七月，重入高氏荆南。

　　由上表可知，高氏荆南疆域在五代前期，變動頗大，其最盛時，一度轄七州，這種情形前後不過一年而已。至天成、長興之際，其疆域逐漸縮小。大約在後唐清泰元年（934）前後，高氏荆南疆域最終固定為荆、歸、峽三州。

原刊於《中華文史論叢》2016 年第 1 期